教师自我突围的秘诀

36位名师的专业成长经验

汪瑞林 主编

大夏书系·教师专业发展

华东师范大学出版社
全国百佳图书出版单位

图书在版编目（CIP）数据

教师自我突围的秘诀：36位名师的专业成长经验/汪瑞林主编.—上海：华东师范大学出版社，2019

ISBN 978-7-5675-9359-6

Ⅰ.①教... Ⅱ.①汪... Ⅲ.①师资培养—经验—中国 Ⅳ.①G451.2

中国版本图书馆CIP数据核字（2019）第129118号

大夏书系·教师专业发展

教师自我突围的秘诀

——36位名师的专业成长经验

主　　编　汪瑞林
副 主 编　杜　悦
责任编辑　卢风保
封面设计　奇文云海·设计顾问

出版发行　华东师范大学出版社
社　　址　上海市中山北路3663号　邮编　200062
网　　址　www.ecnupress.com.cn
电　　话　021-60821666　行政传真　021-62572105
客服电话　021-62865537
邮购电话　021-62869887　地址　上海市中山北路3663号华东师范大学校内先锋路口
网　　店　http://hdsdcbs.tmall.com

印 刷 者　北京季蜂印刷有限公司
开　　本　700×1000　16开
插　　页　1
印　　张　12.5
字　　数　186千字
版　　次　2019年9月第一版
印　　次　2025年2月第十七次
印　　数　48 101 - 49 100
书　　号　ISBN 978-7-5675-9359-6
定　　价　42.00元

出 版 人　王　焰

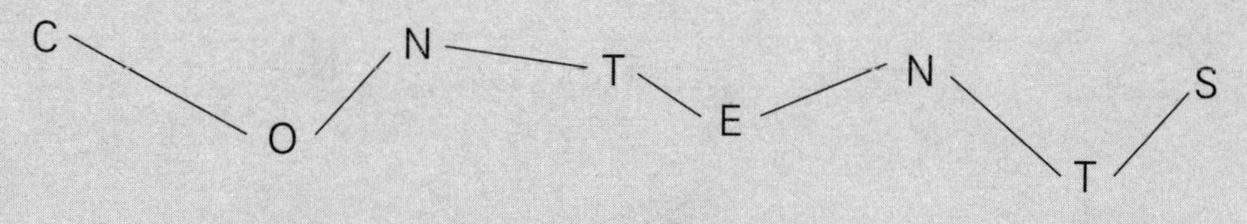

目 录

第一辑 专业成长秘诀

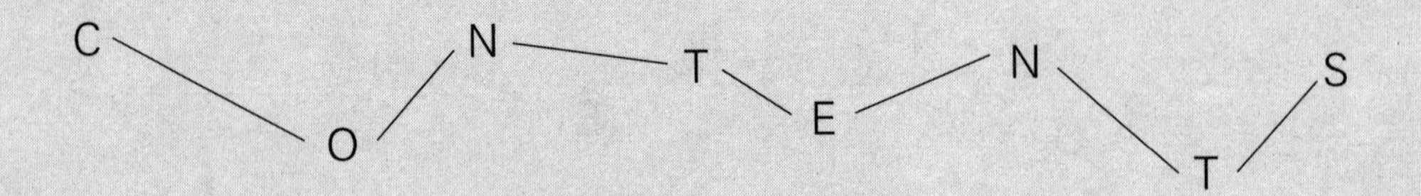

第二辑　课堂教学研究

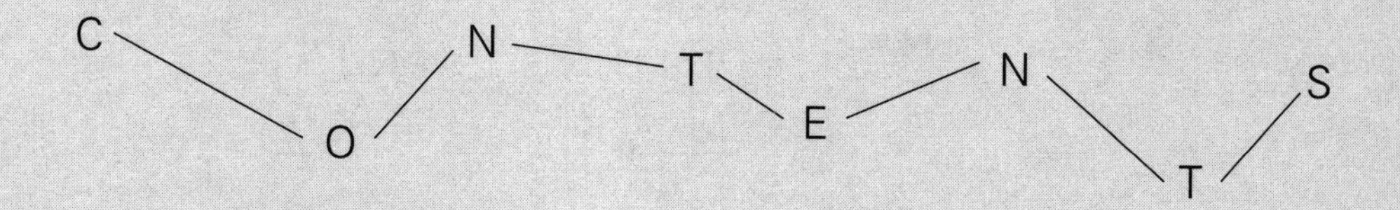

第三辑　学科教学艺术

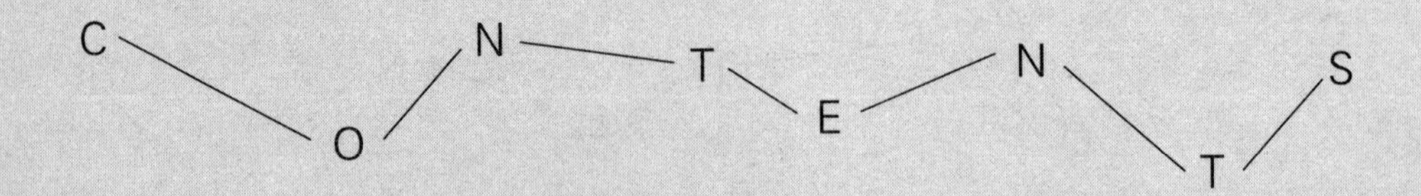

第四辑　学生素养培育

第一辑

专业成长秘诀

李吉林

在反思与顿悟中升华“情境”

1978年，我正40岁，一心想把在那场民族浩劫中作为教师不能研究教学、不能研究儿童的荒芜的10年补回来。于是，在这一年暑假开学前，我主动向老校长申请放弃教熟悉的3～5年级，从一年级教起，意在弄清小学语文教学的来龙去脉。真没想到教学改革之路这么漫长，“情境教学”一个课题竟然做了37年，历经“情境教学”“情境教育”“情境课程”，直至现在的“儿童情境学习”。在这一步步的进程中，我亲眼看到孩子们学习的快乐，我沉浸其中，至今难忘。

为儿童学好语文——探索情境教学

上世纪70年代末，语文教学的课堂是封闭的，课堂上没有形象，没有情感，没有生气。“单调、呆板、低效”的弊端，成了儿童发展的羁绊。我对自己说：有志改革者，应该切中时弊。教育的创新其实就是从发现弊端开始的。

怎么让课堂丰富、生动起来呢？在苦苦求索中，我从外语教学中的情景联想到中国古代文论的“意境”，从《文心雕龙》“情以物迁，辞以情发”等论述中得到很大的启发，仿佛在迷雾中看到闪着光亮的灯盏。我拿定主意，带领孩子们走出小小的教室，走出封闭的课堂，投入到大自然宽厚的怀抱，走进五彩纷呈的社会生活画卷。小河旁、田埂上、树丛里都留下了我和孩子们的身影。孩子们像小鸟飞出笼子一般，呼吸着广阔天地里清新的空气，睁大眼睛看着这美妙无穷的世界。日月星辰、春夏秋冬、冰雾雷电，还有美丽如画的山川田野、千姿百态的花草树木、光怪陆离的鸟兽虫鱼，连同社会生活中鲜活的生活场景、昔日的人文景观，都成了孩子们最生动的教材。

开放的语文教学与生活连接起来，给语文教学带来了无限生机。孩子们写作时不再是搜索枯肠，不再是被动应付，而是兴致勃勃地表达各自的真情实感，作文水平迅速提高。由此我创造性地开发了观察情境说话写话、观察情境作文、想象作文、童话作文等作文教学的新样式，极大地提高了孩子们的作文兴趣。这给了我很大的启发和鼓舞，并引起了我的深思。

这是为什么呢？我思来想去，其中一个重要的原因就是我优选的场景、为孩子提供的作文题材，以及文题都是“美”的，魅力无穷。由此推想开去，倘若我们的阅读教学课堂也美起来，像磁石一样吸引孩子，那该多好！我想到美学，想到艺术，文学和艺术是相通的，感受美可以从这里开始。综合学习美学的心得和对艺术的理解，我在阅读教学中把艺术的直观与语言描绘结合起来创设情境，并概括出创设情境的六大途径：“以图画再现情境”“以音乐渲染情境”“以表演体会情境”“以语言描绘情境”“以生活展现情境”“以实物演示情境”。学生积极主动地投入到教学过程中，真正实现了“运用情境教学，提高阅读教学效率，培养审美能力”的设想。我反思三年多的探索，从中概括出情境教学促进儿童发展的五要素（以培养兴趣为前提，诱发主动性；以指导观察为基础，强化感受性；以发展思维为核心，着眼创造性；以激发情感为动因，渗透教育性；以训练语言为手段，贯穿实践性），并提出了“运用情境教学促进儿童整体发展”的新思路。其间关于语文教学中审美能力的培养、情感的陶冶，连同对整体发展的认识，相继在《教育研究》（1981—1984年）上发表。自己的感悟得到权威杂志的认可，让我充满信心，也为“情境教学”向“情境教育”发展提供了重要基础。

为儿童学好各科——拓展情境教育

面对小学语文教学给孩子带来的快乐和谐发展的现实，第二轮实验期间我很自然地开始思考儿童整体发展的问题。我反问自己，哪一个学科不需要主动、感受，不需要创造、实践？我思量着自己总结出的情境教学促进儿童发展的五要素的可行性，在想象与推论的融合中，我在心里作出了结论：情境教学不仅属于小学语文教学，它属于整个小学教育，具有普遍意义。于是，我从儿童素质发展的角度以及学校管理操作的层面，悉心策划了一套完整的情境教育的实验方案，向全国教育规划办公室郑重申报了“九五”课题“情境教育促进儿童素质发展的实验与研究”。

实验开始，我首先想到情境教育一定要为儿童拓宽成长的空间。儿童是蕴藏着智慧和具有高级情感的生命体，成长空间的宽与窄、优与劣决定了他们成长得健壮还是脆弱。教育必须顺其天性而育之。于是，“拓宽教育空间，提高教育的整体效应”成为情境教育基本模式的第一条。

接着我又想到在这空间里活动的人，想象着学生和老师亲和、快乐的情景，这样的生活空间不仅是宽阔的，而且是宽松的。根据情境教学的特点，我设想通过创设一种“亲、助、和”的师生人际情境和“美、智、趣”的学习情境来缩短学生与老师、学生与教材之间的心理距离，创造地性提出“缩短心理距离，进入最佳的情绪状态”的主张。进而我又想，师生亲和，但二者中谁是真正的主角？毫无疑问是学生。于是，我又以“利用角色效应，增强主体意识”体现情境教育“一切为了儿童发展”的根本理念，最终实现“注重创新实践，落实全面发展的目标”。这样，自己内心世界情与智的交融，导引着我从教育空间、心理距离、主体、目标四方面构建了情境教育的基本模式。

在探索与研究中，我喜欢反思，因为反思让我产生顿悟。作为情境教育的探索者，必须把自己实践中的感受进行系统的理论概括和提升，这是一个艰苦的历程。我知道事物的现象都是复杂的，是千差万别的；但是我也懂得规律性的东西都是简明的，因为它们概括的是事物的共性。在思考过程中，我亲身经历的一个个教学场景，课堂上孩子们的一阵阵欢声笑语，孩子们的一篇篇观察日记、作文，我的一份份教学设计、课堂实录……都鲜明地在我记忆的屏幕上复现。我审视着它们，从一个个案例中去粗取精，从感性到理性，从个别到一般，寻找相似的东西进行抽象、概括。相似的集合，就是规律。长期的积淀产生了认识上的飞跃，于是生成了自己的教育主张和思想。

为更多的孩子获益——构建情境课程

情境教育实验的不断深入，必然伴随着课程的改革，通过课程把情境教育的理念与操作具体化，就可以让更多的儿童获益。国家课程改革的大环境，为情境课程的发展提供了理想的大背景，让我和各科老师更主动地加入课程改革的大潮中。

情境课程的雏形是在满足儿童需求的过程中逐步孕育的，一开始的野外情境课，是让孩子走出学校，走到大自然中，去呼吸最新鲜的空气，感受人间最美的色彩，感受那些动态和静态交织在一起的情境。第二轮实验时，发现了幼小间的陡坡，开设了幼小衔接过渡课。同时在此轮实验中我又学习运用系统论“结构决定效率”的原理，着手优化语文教学的结构：低年级，“识字 · 阅读 · 习作”三线同时起步，摒弃传统的“汉语拼音—识字—阅读—习作”的单一低效的直线序列；中高年级，开展“工具性与人文性结合”“训练语言与发展思维结合”“阅读与习作结合”“课内学习与课外活动结合”的主题性大单元教学。教学实践表明，这些局部的课程改革有效地提高了教学效率，于是在新一轮课程改革中把它们吸收过来。首先从学科情境课程开始，创设一个“美、智、趣”的情境，把知识镶嵌到情境中，然后把学科课程与儿童的活动结合起来。

这里需要强调的是：我们不是把“课堂的学科课程”加上课外，通过第二渠道上成活动课程，而是让儿童在学科中、在课堂教学中把学科课程与活动结合起来。主题性大单元课程则主要体现课程的综合性，为了提高教育的力度，必须各学科兼容，而不是搞各科的分设。我主张德育为先导，语文学科为龙头，各科教学融通，儿童为主体，做到德育在各科教学中全覆盖，并把语文学科确立起来的核心理念扩大到各科各育，使“情感伴随儿童学习”，把儿童的认知活动与情感活动结合起来。

由此，从学生发展的需要出发，不断地改革，不断地完善，开发出核心的学科课程、主题性大单元综合课程、幼小衔接的过渡课程和野外教育课程，构建起开放的、多元的情境课程的结构。

在情境课程实施多年后，2002年，我在反思中，进一步根据情境课程的内容提出了“五大操作要义”，这篇文章后来获得《教育研究》创刊30周年杰出论文奖。情境课程对儿童的学习和发展所起的整合、熏陶、启智、激励的作用，显示出喜人的效果。

为儿童高效学习全面发展——研究情境学习

回顾几十年探索的三部曲，无论是“情境教学”“情境教育”还是“情境课程”，其核心都是为了儿童快乐高效地学习、获得全面发展。儿童是学习的主体，儿童学习的问题是教育的本质问题。于是，“十一五”期间我又开始了“情境教育与儿童学习”的新课题的研究。

我带领着身边的年轻人一起研习脑科学、学习科学的理论，从新的角度重新审视和反思情境教育之所以能促使儿童快乐高效学习的原因。从脑科学与学习科学中，我找到了新的理论支撑，初步构建了儿童情境学习的范式，针对儿童学习知识的复杂、学习过程的不确定、学习系统的开放以及学习催发儿童潜能的不易，提出以“利用艺术之美”“情感生成之力”“凭借儿童活动”“发展想象、培养创造力”为对策，进行教学设计，让儿童在与老师、与伙伴的互动中，与世界、与生活的关联中学习知识，为他们的学习提供丰富给养、有力支撑，营造最佳的学习环境，使教学设计更具科学性，更具创造性，从根本上保证课堂的快乐、高效。我欣喜地发现，自己已经渐渐揭开了儿童学习秘密黑箱的一角，这给了我莫大的鼓舞，让我看到了情境教育研究不断向前的美好前景。

回顾情境教育30多年的创新之路，实践、反思、追问，循环往复、螺旋上升，贯穿其间的是对教育理想境界的不懈追寻，以及通过学习获得的自我充实。在教育教学实践中坚持研究，成就了今天的我，推动了我的成长。

（刊发于《中国教育报》2015年11月11日第9版）

人物介绍

李吉林：1938年5月出生，著名儿童教育家，情境教育创始人，江苏省首批特级教师，江苏省荣誉教授。现任江苏情境教育研究所所长，历任中国教育学会副会长、全国小学语文教学研究会副理事长、教育部中小学教材审查委员等职。曾连续主持全国教育科学规划“八五”至“十一五”教育部重点课题，研究成果获全国首届、第二届、第四届“教育科学优秀成果”，教育部“课程改革与教学研究优秀成果”等10多个全国一等奖。先后出版《为儿童的学习》《情境教育三部曲》等20余本专著，2006年出版8卷本300多万字的《李吉林文集》；《儿童母语情境学习的理论与应用》《儿童情境学习范式建构的历程》《儿童情境学习课程体系及操作》三本专著英文版由德国施普林格（Springer）出版集团向全球出版发行。2014年荣获首届“基础教育国家级教学成果奖”特等奖。

黄厚江

教学主张的“来”与“去”

自从我提出“本色语文”的教学主张之后，在得到不少老师呼应和支持的同时，也有不少老师问我如何看待语文教学主张林立的问题。的确，语文学科目前见诸报刊的主张就不下几十个。这个问题，已经引起广泛的关注和热烈的讨论。这里结合我的主张的提出，说说自己的一些想法。

教学主张一定要来自教学实践，更要能够解决实际问题

既然是自己的教学主张，就不能主要来自别人的说法，也不能主要来自别人的实践，否则就成了别人的主张。而我们目前看到的教学主张，其中有不少便来自一个更大的“母主张”，比如有人提出了“×教育”，于是有语文教师就提出“×语文”。最典型的是“智慧××”，先是有“智慧教育”，接着就有“智慧语文”“智慧数学”“智慧英语”。这样说当然是没错的，什么都可以有“智慧”。但当什么都是智慧，就不是智慧了。万金油式的主张，其实就是没有主张。有的则是人家有一个“×数学”，于是我就提出一个“×语文”，这似乎也算不得是自己的主张。甚至有人干脆借助于一些通识性的课程理念提出自己的主张，比如新课程提倡合作探究的学习方式，于是就有老师提出“合作语文”“探究语文”，总让人觉得有趋时投机之嫌。说是自己的主张，其实没有什么主张，都是“公理”或者说是大家的主张。这种由主张到主张的主张，便是“空空概念”的衍生。马克思主义早就告诉我们，理论来自实践。自己的教学主张就应该来自自己的教学

实践。现在常常有人召开自己的教学思想研讨会，这是好事，可以让教学思想更成熟，也可以让比较成熟的教学思想更好地发挥辐射作用。可是有一个现象让人不能理解，就是召开自己的教学思想研讨会，居然自己一节课不上，主要是让别人上课，甚至自己没有主报告，而是请一些名家名人各说一通。到底是你的研讨会还是别人的研讨会呢？是你的主张还是别人的主张呢？

来自实践的主张，还应该能够解决教学中发现的问题。如果闭门造车，想出来一些脱离实际的主张，或者是为了提出主张而提出主张，也许能新鲜一时，甚至轰动一时，却是没有实际意义的，也是没有生命力的，一定是“其兴也忽，其亡也速”，因为它一方面不能有利于教学的改革，另一方面不能付诸实践，甚至也无益于自己课堂品质的提高，只能是写几篇文章，或者总结一些所谓成果获一个什么奖。凡是不能解决问题的，就没有实践意义；凡没有实践意义的，就没有生命力。

教学主张要有具体明确的内涵，更要有教学案例作为支撑

提出一个教学主张，首先要明确主张的内涵。你要提出一个“×语文”，就必须回答什么是“×”，“×语文”和非“×”的语文有什么不同，“×语文”对语文学科怎么理解和定义，“×语文”的课堂有什么特征，“×语文”的阅读课怎么上，“×语文”的写作课怎么教。这样大致才算提出了一个主张。如果只是提出一个概念，或者只是提出一个口号，就以为形成了自己的教学主张，是很不严肃的，对于课程建设，对于自己的教学研究，都没有意义。

更重要的是，提出教学主张，必须有充分的教学案例作为支撑。古人说：例不十，法不立。意思是，提出任何一个学术观点或者说法，没有十个例子是不能成立的。我也始终认为，提出一个教学主张，至少要有“十”个教学案例作为支撑。这个“十”当然可以是虚指，但这个“十”不仅仅指数量上的充足，而且指应该有一定的系统性和代表性，一个学科的主要领域、主要板块都要有充分的案例支撑。比如语文学科，既然要提出“×

语文”，那么阅读教学必须有充分的案例支撑，作文教学也必须有充分的案例支撑。阅读教学之中，小说教学、散文教学、诗歌教学、议论文教学，以及古诗文教学等等，都必须有充分的案例支撑；写作教学之中，记叙文、议论文也都必须有案例支撑。如果你有十个案例，都是小说教学，那么你的主张只是小说教学的主张，而不能说是语文教学的主张。所以，我们常常说，没有一二十节课作为支撑，就贸然提出自己的教学主张是草率的，对自己、对别人都是极其不负责的。现在有人拿不出三节自己满意、别人认可的课，也在大谈自己的教学主张，实在有些轻率。换个角度说，你既然提出自己的教学主张，就应该让人们一走进你的课堂，就能感受到你的主张，一看课堂，就会有一种判断：这就是什么主张的课。如果在你的课堂中看不到你的主张的影子，说归说，做归做，从学术道德的角度看是很不诚实的。

提出教学主张是为了回到课堂，更是为了提升课堂

我在和青年教师谈学科研究的时候，反复强调，课堂是研究的出发点也是归宿点。我们为什么要提出自己的教学主张？最直接的是大面积地提升自己课堂的品质。这一点我是深有体会的。自从我从教学实践中总结出了“把语文课上成语文课，用语文的方法教学”“语文课要以语言为核心，以语文学习活动为主体，以学生综合素养提高为目的”等一系列本色语文的教学主张和语文共生教学的教学方法之后，课堂品质有了显著提高，自己的教学追求更加清晰，特色更加鲜明，路数更加清楚，课堂教学活动的设计更容易入手，课堂教学的质量也更加稳定。

当然，一个成熟的好的教学主张，绝不是仅仅提高自己的课堂品质，而是能够提高更多人的课堂品质。在自然科学领域，不可复制的发现是得不到承认的。近些年来，我应邀在全国作讲座几百场，执教公开课几百节，有一批年轻教师主动以我为师，和我一起研究语文教学，全国中语会等团体召开了十几次我的教学研讨会，从北京到深圳有十几个本色语文和语文共生教学的课题组、工作站，这说明了大家对本色语文的教学主张和语文

共生教学法的认同。从我的角度来说，也希望通过大面积的推广来印证本色语文教学主张的科学性和语文共生教学的科学性，并借此大面积提升语文课堂教学的品质。

提出教学主张不如总结教学方法

说真的，我并不十分赞同提出过多的教学主张，尤其是一些不够成熟的、缺少充分学理依据和教学实践支撑甚至明显带有偏颇之见的主张。也许我这样说，很多人不能理解，甚至会有误解：既然如此，你为什么要提出本色语文的主张呢？你自己提出了主张，就反对别人提出主张吗？其实，本色语文就是一个不提倡主张的主张。因为本色语文最核心的主张是：语文就是语文。这句话其实已表明了我的态度。我之所以提出本色语文这个主张，其实就是要否定种种各以为是的主张。恕我直言，任何一种主张，某种意义上都是“盲人摸象”。摸到象的牙，就说语文像萝卜，于是就有了“萝卜语文”；摸到象的耳朵，就说语文像簸箕，于是就有了“簸箕语文”；摸到象的脚，就说语文像舂米的石臼，于是就有了“石臼语文”；摸到象的背脊，就说语文像麻衣，于是就有了“麻衣语文”；摸到象的肚子，就说语文像陶器，于是就有了“陶器语文”；摸到象的尾巴，就说语文像麻绳，于是就有了“麻绳语文”。其实只有从整体上看到象、从本质上认识象的人，发现的才是真正的语文。

对此，我的主张是，与其人人提出一个主张，不如大家多多研究做法。语文只有一个，方法可以各有不同。就像登上火星，火星只有一个，登的方法可以各有不同。如果大家都把精力花在研究火星可能是什么上，并没有多大的实在意义。如果我们上不去，一切都是白搭。正因为如此，近几年我们的主要精力是研究语文共生教学法。而研究语文共生教学，我们主要也不是研究理论，而是研究如何操作，研究阅读和写作分别可以有哪些课型，更重要的是致力于积累比较典型且比较成功的教学案例。至今，阅读教学和写作教学我们已经分别总结了十几种课型，积累了几十个案例。有了这些研究，要提出系统的主张和理论，也就有了基础；对于想学习想研究的老师，也就有了可以借鉴的样本。如果只有一大堆主张、一大堆概念（不管是自己的还是别人的），对自己、对别人都无大的益处。

（刊发于《中国教育报》2015年11月25日第9版）

人物介绍

黄厚江：1958年出生，江苏盐城人，全国中语会学术委员会副主任、教师发展中心副主任，全国“三新”作文教学研究会理事长，全国优秀语文教师，江苏省语文特级教师，江苏省首批教授级中学高级教师，国标本苏教版初中语文教材主要编写者，国标本苏教版高中语文教材编写组核心成员，南京师范大学语文教学研究中心研究员，曾任江苏省苏州中学校长助理兼总督学。倡导的“本色语文”和“语文共生教学”在全国具有广泛影响，分别获江苏省首届基础教育成果特等奖及全国教学成果二等奖；先后在有影响的刊物发表论文数百篇，其中发表在核心期刊上的有100多篇；出版专著《语文的原点——本色语文的主张和实践》《黄厚江讲语文》等多部。

卢明

思想、境界、实践：名师成长跨三关

35年来，我从教师到校长，一直坚持在一线教学，带徒弟，教毕业班。我经常问自己：何谓名师？特级教师就是名师吗？起初，我也认为特级教师就是名师，但自从自己评上特级教师以后，看法慢慢改变了。名师不是写在纸上的称号，而是一个目标，只有进行时，没有完成时。如今，我依然前行在通往名师的征途上。

怎样成为名师？我认为应从以下三个方面不断地修炼。

有思想有主张

思想与思考不是一回事。人们常讲“让我思考一下”，意味着需要开动脑筋，而且有明确的思考主题，具有物质属性，思考是认识的起点。思想则是指向认识的成果，具有信息属性。名师与一般教师的思考有何区别？前者看问题有自己的观点和价值判断；后者没有主见，随波逐流，人云亦云。

怎样才能成为一个有思想的人？

要养成质疑与追问的习惯

第一，对相关知识领域要有所了解，这是思想形成的知识储备。第二，独立思考，看问题善用独特的视角，敢于质疑与追问。第三，真的对某一件事感兴趣。你只有对一个事物真正从内心关心的时候，才会用心去思考，梳理别人的观点，提出自己的观点。比如，常言道“老教师经验丰富”。老教师一定经验丰富吗？在我的接触中，有的教师教龄30年，他的提升期只有5年，之后的25年是在不断地重复自己“昨天的故事”。所以，“老”只是经验丰富的一个必要非充分条件。一名教师，如果不提炼总结、不应用学习、不深入思考、不实践历练，就不会形成自己的经验。这是我对经验由来的解读。有了这样的解读，才有对待“资历”和“经验”关系的正确态度。再如：数学比较强调“熟能生巧”，体现练习的意义。“熟”真的能生“巧”吗？现实中不少教师错误解读熟能生巧，滥发练习，要求学生做到“一看就会，一做就对”。这样的“熟”到底是生“巧”还是生“笨”？这种把“探究”降至“记忆”的教学，泯灭了孩子的灵性，扼杀了孩子的创造力，这还是教育吗？教育中值得我们思考的问题很多，假如你司空见惯，到头来至多成为一名熟练的教书匠。

要提炼自己的教育主张或信条

作为一名成熟的教师，对教育的本质和价值取向应有自己独到的认识，否则，就会在当前社会转型期价值多元的环境中迷失方向，无法抵御浮夸、浮躁、浮华的不良风气，难以克服短视、肤浅、功利和异化的教育倾向。2009年，我反思自己28年的教育实践，概括了我的“教育信条”：教育是启迪智慧，教育是润泽生命，教育是灵魂唤醒灵魂。

做有思想的教师要勤学习、善学习，不把信息当作知识，不把收藏当作学习，不把阅读当作思考，不把储存当作掌握。通过学习，不断地丰富自己；通过思考，不断地提升自己。只有把“教育是什么”“教育为什么”想清楚了，才有可能走向“名师”。

有精神及学术境界

人的行为是受认识支配的。境界对一个人做事的影响巨大。

教师是一种职业，把职业当成事业是一种精神境界

把教师当职业的人和把教师当事业的人对待成功的标准是不一样的。

把教师当职业的人往往把成功定位为“超越别人”：在业绩上超越，在职务上超越，在荣誉上超越，等等。在我看来，超越只是一种结果，懂得如何实现超越才是最重要的。把教师当事业的人往往心态比较平和，把成功定位为教好书，育好人，简简单单，孜孜以求。把丰富自己看得比超越别人更重要，重视细小，做好日常。备课是教师最平凡的工作，可是，从备课中却可以看出一个教师的境界。有的人备课东拼西凑，有的人备课寥寥数语，有的人备课照搬自己的旧备课笔记……一个连方案都毛毛糙糙的教师教学怎能出彩？我的备课共分三轮，第一轮是“拉框架”，提前一周把下周要上的课做好整体规划和资料搜集；第二轮是“写教案”，提前二至三天把教案写好；第三轮是“温教案”，课前半小时温习教案，对本节课的教学线索、教学问题进行熟悉和再梳理，确认自己完全想明白了，然后整理好心情，走进课堂。教师昏昏，岂能使学生昭昭？

把教师当作专业是一种学术境界

有了知识不一定会当老师，即使当了老师也不一定会育人。所以，只有把教师当作一种专业，才能成为一名合格的老师。换句话说，教师除了有专业知识，还应该有专业水准。比如“为什么而教”，从对这个问题的回答可以看出一个教师的教学境界。我对教学本质的认识是：知识不是教会的，而是学生自己学会的；能力不是传授的，而是学生自己练成的；智慧不是赋予的，而是学生自己感悟的；素养不是空降的，而是学生自己生发的。所以，学习是学生亲力亲为的事，别人无法替代。不能因为学生现在不会，我们就去替代他们，让他们“专心听”“认真记”，这不是“真学习”，一个真实而完整的学习过程应该经历信息的两次转换。

教学信息的第一次转换是“人际转换”，教师“发送”（教了），学生“接收”（学了）；第二次转换是“自我转换”（学了—学会了），学生进行信息的自我加工。其中，第二次转换至关重要，没有这次转换，学生就难以学会，而这一点恰恰被许多老师忽视了。所以，“满堂灌”不是“真教学”。

从一名大学生到职初教师、成熟教师、特级教师，一路走来，我对教学的认识经历了四次跨越。第一次，我能回答“我知道教什么”，此为第一境界。第二次，我能回答“我知道怎么教”，此为第二境界。第三次我能回答“我知道学生需要什么”，此为第三境界。如今，我却感叹，“现在我对自己课的满意度不如从前了！”是我的课真的越上越差了吗？当然不是！那是为什么？也许因为进入了第四境界。我还没想好第四境界到底应该怎么去表述，但至少是敢于不断地否定自己，这是需要勇气、胸怀和境界的。

由此可见，光有奉献精神的教师未必能够成为好教师，必须精神与学术境界同时具备，才能成为时代所期望、受学生欢迎的好教师。

有实践历练

鹅卵石臻于完美，不是棒槌敲打的结果，而是流水经年的抚摸所致。名师的成长也是一样，名师不是培训出来的，是在实践中打磨出来的；名师不可能一蹴而就，是靠常年的磨炼与积淀成长起来的。

完善知识结构

我是一名师范生，除了学科知识以外，当教师的其他知识几乎都是在工作以后学的，“一朝学成受益终身”在我身上几乎没有体现。我认为教师的实践不完全是“做”，还有“学”，岗位学习和校本研修应该属于教师实践的一部分。从教师的知识构成看，教师的知识包括三个方面：一是学科性知识，二是教学性知识，三是研究性知识。职前学习主要是学习学科性知识，后两种知识主要是在职后实践中习得或悟得的。

合理的知识结构是成就名师的前提条件。世上事物的特性都是由其结构决定的。一个人的知识结构可以决定他的决策视野和做事方式。要想成为一名数学名师，不应该只懂数学，还应该懂心理、懂教法、懂课程、懂评价。我在大学里学的是数学专业，参加工作后的20多年坚持在职进修，根据需要，先后两次进入华东师范大学，进修教育管理专业（修完该专业本科的全部课程）、课程与教学专业；一次进入浙江大学，进修心理学专业（修完该专业研究生的全部课程）。独特的知识结构为我的教学、研究、教学与课程改革提供了扎实的理论基础和宽阔的视野。

提高解题、品题、命题能力

对于一名数学教师，尤其是高中数学教师来说，解题、品题和命题能力反映了这位教师的学科功底和研究水平。数学作为一门解决生产、生活实际问题的工具学科，其途径是通过数学建模，将实际问题转化为数学问题，其表现形式是数学题目。所以，解题是学习、掌握、应用数学的主要途径。解题讲究的是知识、方法、技巧；品题是对一个题目的评价，考虑的角度是标准、背景、立意和解法探讨；命题是一种从无到有的构思与创造，关注的方面有标准、立意、效度和区分度。因此，解题、品题和命题从专业的角度来讲，它是三种不同的境界。只会解题，不会品题和命题，对一名数学教师来讲，称不上专业成熟。

形成教学风格

名师光有熟练的教学技能还不够，还得有自己的教学风格。教学风格是要通过精准的语言来表达的。“匠”与“师”的差距不在于“做”的技法，而在于总结与表达。“匠”只知道埋头做，说不出这样做的道理。一个教学技艺精熟的教师，如果说不出自己的教学风格，那他顶多是一名“艺人”，算不上“大师”。所谓教学风格，我的定义是：一名成熟教师在其课堂教学中自然流露出来的人格倾向和高频率出现的教学行为特征的总和，它是一种个性化的教学艺术。教学风格的形成一般会经历从无到有、从无意识到有意识、从模糊到清晰的过程。教学风格可以通过自我反思去发现，也可以请专家帮助总结，还可以由教师本人在全面分析自己个性特点的基础上，在一定的教学理念指导下进行自我设计，有意识地培育。想成为名师，应该自我设计教学风格，在实践中去打造、培育，最后形成自己的教学风格。我的教学风格是：以问导学、深入浅出、活泼严谨。这是我自己设计、长期锤炼形成的，也得到了同行、专家的认同。

写好自己的故事

名师应该是一名研究者。现实中许多教师都是教学、科研两张皮，今天忙时搞教学，明天闲时搞科研，所以觉得科研没有用。要想提高科研能力，关键是要解决对科研的认识问题。科研是什么？中小学教师的科研不同于大学教授的，主要是在实践层面做一些应用性、验证性、经验总结性的研究，简单地说，主要是解决用什么方法去做事更有效的问题，应把研究的触角指向自己的课堂、困惑、设想。科研怎么做？就是想清楚后再去做，强调有方案、有步骤、有反馈、有追根溯源的做事方式。科研的成果是什么？就是告诉别人，什么问题用什么样的方法去做能够成功，或者告诉别人，什么问题不要用什么方法去做，否则就会失败。总之，教师最好的科研就是写自己的教育故事。近十几年，我主持了八个省、市级课题的研究，在省级及以上刊物发表了70多篇论文，写的都是自己日常工作中的所思所想、问题与感悟、经验与教训。那种“剪刀加浆糊”的科研是伪科研，劳民伤财，做了还不如不做。

路漫漫其修远兮，35年，我在且思且行中褪去了青涩，我在追求“名师”的过程中获得了成长。然而，“名师”的灯塔依然在我的前方，充满诱惑，光芒万丈……

（刊发于《中国教育报》2016年3月16日第9版）

人物介绍

卢明：现任浙江省嘉兴市第一中学校长，浙江省劳动模范，浙江省特级教师（高中数学），浙江省首批中小学正高级教师，教育部中小学教师“国培计划”特聘专家，华东师范大学教研员研修中心特聘教授，浙江省基础教育研究中心特聘研究员，曾任浙江海盐县元济高级中学校长。公开发表论文70多篇，曾应邀作学术报告200余场。

管建刚

主张，从自身的确证中来

“发表动力”的由来

我当语文老师纯属意外。中师毕业前夕，我病了。一年后，病恹恹地去上班，村校长安排我教二年级和四年级的数学。我身体不好，又没教过书，一下要教两个年级，怕吃不消，就跟村校长商量：能不能照顾一下我只教一个班？

第二天，村校长才给我答复：“小管，可以教一个班，不过不能教数学，得教语文。”

自己怕语文、怕作文，怎么教？1998年初春，我写了篇300字的小文，投给了地方报。3月，王老师拿着地方报，向我走来，报纸往桌上一放：“今天奇了怪了，报上有个人，跟你同名同姓！”

我一看，说：“王老师，这个管建刚就是我。”王老师不动声色地乜了我一眼，那眼神我一辈子都不会忘记。我发誓要再写一篇，再发表出来，给王老师看看，题目就叫“四月”。3月里，我写了400字的《四月》，寄给报社。4月5日，没有动静；4月10日，没有动静；4月15日，4月20日，没有动静；4月25日，我死的心都有了。4月27日，王老师终于拿了报纸，向我款款走来：“小管，今天报上的《四月》，这个管建刚，还是你吧？”

我一鼓作气写了《五月》《六月》《七月》《八月》《九月》《十月》……“十二个月”的发表，让我亲身体验了发表对于写作、成长的重要性。没有发表，不会有今天的管建刚。发表，让我不知疲倦地写啊写。作文和发表的关系，是婚姻关系，是血缘关系。哪个作文写得好的人，不发表？跟发表割裂的作文教学，那是破坏婚姻、割断血缘的作文教学。

写了作文，不给任何人看，不交流，有没有？有。可不可以？可以。然而，那不是作文的本质属性。作文就是“用笔说话”。“说话”，要有人“听”的。由此，我寻找“发表”的平台，创办了《班级作文周报》，依托《班级作文周报》，构建了作文动力系统。

“先写后教”的由来

1998年，我开始写东西。写好了，去县城请教“不一班”的同学谈永康。上师范时，他就常有文字在各大报章上发表。1997年，他的论文获江苏省最有权威的“教海探航”征文语文组的第一名。

不着急的，写了寄过去，请永康指点。着急的，打电话咨询。重要的，就去县城找永康。一天我去县城，找到永康，聊了几句，永康面露难色，说要去医院。原来，永康的夫人王老师在医院待产。永康说，要不你跟我一起去医院聊。我就傻傻地跟着永康去了医院。多年后，王老师还记得那一幕，王老师恨恨地说，管建刚啊管建刚，哪有你这样的，跟着我老公到医院聊怎么改文章。就是这篇文章，我改了不下20稿，所用的稿纸，厚厚一摞。那一年，村小教书的我，获得了“教海探航”征文二等奖。

我切身感受到，写出来后，请人指导，那指导就有针对性，实打实，你听得懂，想听，愿意听，知道怎么改了，有进步了，自然愿意再写，再听。同时，我还养成一个习惯，将发表出来的文章跟投出去的稿子进行核对，看编辑改动了哪些。改动的地方，就是编辑在教我。

著名语文特级教师贾志敏老师曾和叶至善先生（叶圣陶长子）开会时同住一标间。贾老师问叶先生叶老是怎么教他写作文的。叶先生答，父亲不教的。贾老师不信。身为作家、教育家，叶老怎么会不教儿子写作文？叶先生说：父亲真不教的，写好作文，父亲只叫我读给他听，读着读着，父亲说，好，作文就要这么写；读着读着，父亲说，这里我听不懂，要去改。叶先生说，要说教，父亲就是这么教的。

我恍然明白，叶老教儿子写作文，也是“先写后教”的。“讲评”就是最好的指导。有了“作文”这个实体之后，实打实地指导。讲评课，先号脉，再下药，这药就能下得准，药到病能除。就算药到病不能除，副作用也小，作文已经写出来了呀。

打个比方吧。制作盆景，可以强制让枝丫朝着人为的方向走，从而制出大量相似的盆景；也可以顺着枝丫原有的姿态，做必要的牵引，每一个盆景都是不可复制的唯一。“作前指导”为中心的作文教学，走第一种路子；“作后讲评”为中心的作文教学，走第二种路子。这么想着，我把作文教学的重心从“作前指导”转到了“作后讲评”。每次都从学生作文里，找出好的句子、好的段落、好的写法，一次次地夸，夸到作者都不好意思。夸完了，出示有问题的，再看小伙伴的作文怎么解决的，进行对比，一起学。

学生老说：“管老师，我最喜欢上作文课啦。”

“指向写作的阅读”的由来

当年，我写《三月》《四月》《五月》，写到《六月》，写不出来了，怎么办？我就去看别人写什么、怎么写的。我找来刘绍棠的《小荷才露尖尖角》、中短篇小说集、农村故事。这个时候，我不仅会看作者写了什么，还会看作者怎么写的，将“怎么写”偷学到手。

从小散文转到教学论文，不会写啊，怎么办？去中心小学的图书室找教学杂志，当期的、过期的，抱了一大摞，放床头，每天看一两篇，仔细琢磨人家是怎么起题目的，怎么把一个总论点分出三四个小论点的，怎么开头和结尾的，怎么把例子和思考、理论结合起来的。这么读了一年，也能八九不离十了。

要写书了，不知道怎么分章节。去新华书店，看人家的目录、章节。琢磨了好几个下午，有点门道了。光有章节，成不了书，要有料啊。除了实践的料，还要有资料的“料”。写《我的作文教学革命》，买了很多作文教学方面的书，暑假里，边读边对照着自己的实践，相应的，输到电脑里。我写《一线表扬学》，买了很多表扬、激励方面的书，暑假里，边读边对照着自己的实践，相应的，输到电脑里。

我的阅读，跟一般人不一样，我是带着“写”的需求去读的，很大一部分精力，放在琢磨人家“怎么写”上。这么读，这么写，十几年里，我也出了十多本书，还蛮受一线老师欢迎的。

《江南时报》采访我，聊到作文教学，王记者说：“管老师，阅读对作文的作用也不能小看。”我很乐意听圈外人的见解。王记者说：他原是摄影记者，只管摄影不管文字。后来报社人手紧，会写文的也要会摄影，会摄影的也要会写文。王记者找来以前他拍的照片以及文字编辑所配的文字，琢磨怎么写，图和文怎么配。王记者告诉我，这么读了半年，他为图片配写的文字，老总很满意。

我笑着对王记者说：“你说的阅读，正是我在研究的指向写作的阅读。”

前头有个“写”，你的“读”，会琢磨人家怎么写、怎么讲，这叫“专业的读”。普通人看摄影展，看出照片的意思、意境，不错了。摄影师去看，还要琢磨人家怎么把“意思”“意境”用“光”和“影”拍出来。摄影师的“读”，就是“专业的读”。语文课上学生的“读”，不同于思品课上学生的“读”，不同于历史课上学生的“读”。语文课上学生的“读”，是一种专业的读，学生需要启动一种“怎么写”的阅读思维。这样阅读，才是真正意义上的“读写结合”，而不是形式上的动动笔。

很多年轻老师，今天听这个老师的课，好，学了一阵；明天去听那个老师的课，好，学了一阵。东风来东边倒，西风来西边倒，走了三五年，不但没有明晰前行的路，反而晕头转向了，那是因为他没有用自己的语文教学经历确证过，不明白一个人究竟是怎样学好语文的。

从自身确证出发，不管外面有多大风浪、多少主张，你都能咬定心中的那个，稳步向前。

（刊发于《中国教育报》2016年4月13日第10版）

人物介绍

管建刚：江苏省特级教师，2008年度全国“十大推动读书人物”，全国优秀教师，教育部首届“万人计划”教学名师，首届姑苏教育领军人才。出版著作《魔法作文营》《不做教书匠》《我的作文教学革命》《一线教师》等。2010年起陆续出版“管建刚作文教学系列”共七本，在教育界引起广泛关注。2015年出版《管建刚和他的阅读教学革命》，经媒体报道后引起强烈反响，并引发阅读教学革命的大讨论。

凌宗伟

遇物则诲，相机而教

我没有接受过正规的大学教育，能走到今天，无非因为清醒地认识到自己的欠学与无知，几十年来虽有所努力，终觉肤浅。所幸的是遇事总是努力去学，去思考，力求有所知，有所获。

扎实基础与良好的习惯会影响一生

1977年的某一天，插队务农的我正在生产大队的电线杆上安装低压输电线，突然大队广播里说要恢复高考，还真有点不信。回到知青点，一起插队的同伴们都在议论这消息，终于明白这不是“小道消息”，也就有点动心了。

我拾起书本复习了一个月，就参加预考了。我的中学是在“文革”中度过的，凭那点东西参加高考，结果可想而知，语文考试的铃声结束了，我的作文刚刚写了一个题目……

没想到的是，十月份居然接到了参加统考的通知，考试结束了，许多同伴都拿到了通知书，我却迟迟没拿到。到了年底，通知来了，我被录取到当地挂靠江苏省海门师范学校的教师进修学校中师班，成了恢复高考以后的第一批中师生。

这个“中师”分了文理科，我上的是文科班。说是中师，其实类似于上个世纪初的“高师速成班”。所幸的是，任课老师倒是与高等师范学校的老师不相上下，他们有几位原本就是“文革”期间从其他师范学校或者教育出版部门下放下来的，其他几位不久也去了其他高等师范学院或大学。教现代文学的宋建人老师近乎完美的板书、教古汉语的陈少松老师严谨的治学态度、教古代文学的唐文生老师的平和与耐心等等，都给我以后的教学生涯带来了比较大的影响。

刚恢复办学，没有教材，只有老师编的讲义，古文老师和古汉语老师很喜欢我，他们在刊物上发现了什么资料，尤其是古汉语方面的，就会给我看，就这样，我养成了抄书的习惯。十个月的中师，我抄录的资料超过了一尺高，后来我参加高师函授考试的时候，两个半小时的古汉语考试，我只用了半个小时就完成了。哪个例句在书上的哪一页、哪几行，我都记得清清楚楚。这读书、抄书的习惯，为我后来当教师奠定了良好的基础。

独立备课与命题是走向成熟的必经之途

在当实习教师十个月和做教师的最初几年，我对自己的要求是熟悉教材，精心备课；熟悉教案，变通教学。现在回想起来，这恰恰是自己由新手慢慢走向成熟的重要一步。

法布尔在介绍蝉的时候有这样一段文字：“四年黑暗中的苦工，一个月阳光下的享乐，这就是蝉的生活。我们不应当讨厌它那喧嚣的歌声，因为它掘土四年，现在才能够穿起漂亮的衣服，长起可与飞鸟匹敌的翅膀，沐浴在温暖的阳光中。什么样的钹声能响亮到足以歌颂它那得来不易的刹那欢愉呢？”我以为，由新手慢慢走向成熟的教师生活，就是这样一种生活，起初尽管单调与黑暗，但没有单调与黑暗，也就不可能有阳光下的欢愉。

教师最基本的专业技能不就是独立研究教材、独立编写教案、独立编写试卷吗？我坚信如果一个教师坚持独立研究教材、独立备课、独立命制试卷三到五年乃至十年八年之后，一定可以成为一个合格的教师，也可能成为一个有独立思考和认识的教师。理论与实践的结合告诉我，仅有几年的“熟悉教材，精心备课；熟悉教案，变通教学”的黑暗苦工是远远不够的。学校是培养人的，而不是制造机器的。学校不是工厂，如果学校培养出来的都是一些“规格”相同、“功能”相似的标准件，那么我们的教育便是失败的。教师绝不应该是流水线上的值班工人，而应该是学生学习的伙伴；学生更不应该是被动接受的容器，而应该是学习的主体。

语文学科区别于其他学科的特点就在于它更具广阔的领域：课堂、教材、相关学科、课外阅读、社会生活、网络媒体、人际关系都是语文学习的天地。语文教学内容为什么要囿于一隅，教学方法为什么要拘于一式，教学手段为什么要系于一格呢？几年下来，反思自己的教学行为，仍没摆脱“看资料（教材、教参、优秀教案）—写教案—讲教案”的惯性。如何摆脱这一惯性，便成为我之后三十多年一直思考的问题。

“遇物则诲，相机而教”为的是逃脱框框的束缚

教育是培养人的事业，必须充分认识到，一个人由于生活、阅历，乃至遗传因素的差异，其需要是大不一样的。教育为什么要用一个标准、一个模子、一把尺子去要求和衡量我们的对象呢？基于这样的认识，我意识到，拘泥于教案的教学，不是真正的教学，更不是理想的教学，真正意义上的、理想的教学应该是不拘一格的。

教学，尤其是语文教学的情境是瞬息万变的，随时随地都有可能发生意想不到的偶发事件，需要我们妥善处理，这当中需要的是“遇物则诲，相机而教”的教学智慧。这智慧，强调的是将热忱和智慧结合起来，在教育教学活动中抓住最能触及人的心灵、震撼人的情感的特定环境，激发学生的学习兴趣、道德情感、道德认识，产生一种强烈的情绪体验，使受教育者在心灵深处留下难以磨灭的印记，这样的课堂教学势必是打破模式、脱离教案的。就语文教学而言，是要将语文放在社会文化系统中来认识学科特质的，实际的语文教学不仅要落实语文学科的基本任务，还要解决学生如何通过学习更好地学会生存、学会做人、学会学习的问题。

“遇物则诲，相机而教”的要义在突破教材的限制，将师生在生活实际、课外阅读中所获得的间接经验引入教材，将书读厚。谈及这样的认识，不得不谈到我教师生涯中的另一位老师陈有明先生，先生外出口袋里总会带个本子，看到广告标牌等有文字或表达问题时总会记下来，这大概就是

所谓行万里路，读万卷书。还有，他总是提醒我，学他人要学其神，而不只是学其形。这恐怕也是我的语文教学没有名头、不贴标签的一个原因。

长期的教学实践告诉我，要成为“凌宗伟”就要有属于凌宗伟的语文课程意识，形成在“凌宗伟的教学哲学”认知基础上的语文课程体系。没有课程意识，游离课程体系之外的课堂必然是鸡零狗碎的；没有课程意识的课堂，要不就是教师热闹非凡、随心所欲的表演，要不就是教师了无生趣、死板教条的灌输。实际的教学中，为什么教，教什么，什么时候教，怎样教，为什么要这样教，不是死板的，是需要教师相机而行的。更重要的是，作为一名教师，一定要明白在自己所教的这门课程中，学生已经有了什么，还缺什么，缺什么就要补什么，至于什么时候补那是要看机缘的。

换个角度说，“遇物则诲，相机而教”，其实就是要求教师在组织教学的时候，既要有感性，又要有理性。在教《鸿门宴》时，对于“项王、项伯东向坐；亚父南向坐，亚父者，范增也；沛公北向坐；张良西向侍”，我让家住石港的学生介绍石港人宴请宾客时宾主座次情况，对照课文从感性入手进行理解。而讲《杨氏之子》之类的文章，我则会引导学生思考：除了看到这孩子聪慧外，还可以看到什么？须知，感性后面还需要理性。

在热闹纷繁的教育生态中保持独立思考

长期以来，语文学科可以说是最为热闹的学科，不仅门派林立，名师众多，而且习惯了各说各话，于是也成为最受诟病的一门学科。“遇物则诲，相机而教”当然也是我的自说自话，但我在自说自话时总会这样提醒自己：因为无知，所以要知，因为欠学，所以要学，无知不能无畏，无知无畏必然走向愚蠢。防止愚蠢的有效途径就是坚持学习、思考、审视、批判与前行，在此基础上不断地对自己的教育哲学与教学哲学进行建构与解构。

一个语文教师想要达到“遇物则诲，相机而教”的境界，前提是要有广泛的阅读，因为语文教学的文本是包罗万象的，如果没有广泛的阅读为支撑，难免孤陋寡闻，自以为是。在众说纷纭的语文世界里，一个人想要探寻真理，最要紧的是要不断学习，广泛涉猎，正如笛卡尔所言：“博学旁通，连最迷信、最虚妄的东西也不放过，是有好处的，可以知道老底，不上他们的当”；“要想知道他们真正的看法，一定要看他们的实际行动，不能光听他们说的话”。我对语文学科性质与学科价值的思考，对语文教学的认识就是建立在广泛的阅读、观察，以及自己的实践基础上的。

一个合格的教师，一定是要有自己的独立思考与判断的。这思考与判断，尽管有如史蒂芬·平克说的，在“基因之手”的塑造下，我们每个人都会拥有一套与生俱来独一无二的认知模式，但“自然选择会将一些经由后天习得的技能强行植入大脑。在每一代人中，那些能言善辩者和善解人言者总是能获得更多好处，而自然选择也正是通过这种方式逐步提升人类的语言能力的”。我以为这自然选择，在许多情况下就是阅读与实践，并将审视与批判贯穿始终的建构与解构。只有建构没有解构，就可能固步自封；只有解构没有建构，则难免鸡零狗碎。我以为成熟教师的重要素养之一，就是能在热闹纷繁的教育生态中保持独立思考的意识。

“遇物则诲，相机而教”倡导的是一种感性加理性的教育智慧，而不是被感性牵着走、一味迁就学生意愿的对“学生立场”的偏窄认识，更不是教师第一的威权意识。

（刊发于《中国教育报》2016年11月30日第10版）

人物介绍

凌宗伟：中学语文特级教师、中学高级教师、全国优秀校长，江苏省教育学会教师教育专业委员会常务理事兼副秘书长。语文教学主张“遇物则诲，相机而教”，形成了“大气磅礴，细处摄神”的教学风格。近年来在各类报刊发表教育教学论文四百多篇，出版《好玩的教育：学校文化重建五讲》《阅读，打开教育的另一扇门》《有趣的语文：一个语文教师的“另类行走”》等专著与编著多部。

褚树荣

课程建设：教师拾级而上的台阶

从1981年“试水”教学，到如今融入“课改”洪流，在语文教育园地里，一晃就是36年。社会的天翻地覆、教育的改革蜕变、个体的酸甜苦辣，都不必说。单就专业成长而言，稍作反思，感慨颇多。

自然生长与拾级而上

入职之初，混混沌沌，执教多年我才慢慢意识到教师专业成长是有特殊性的。律师、医师、会计师，凡是带“师”的职业，都要接受系统的专业教育，取得准入资格，才能从事该职业工作，才会被同行承认。但是，最需要专业训练的教师，在大学期间，对教育学、心理学、课程论、教学论的学习，或浮光掠影，或闻所未闻；文本细读、案例评析、课堂实习、教学评价等，或浅尝辄止，或付之阙如。上个世纪我国还没有教师资格证一说，现在虽然有教师资格证考试了，但难度远低于其他行业的准入考试。所以，专业性先天不足，就是教师专业成长的特殊性，职业生涯和专业发展同时起步，就是教师这个行业的特殊性。正因为如此，教师专业发展既有渐进性，又有阶段性。所谓渐进性，就好比一棵树的生长，有成活期、成长期、成熟期，有扎根、长干、开花的过程。教师的爱心和责任是根系，课程素养是主干，教学技能是枝叶，教学业绩是花果。这里不但有知识、技术，还要有阅历、情怀。咬定青山不放松，自然而然，顺应规律，不凌节而施，不跨越发展，一个名师的成长就像一棵树的生长，语文教师尤其如此。所谓阶段性，是说教师的专业发展好像爬台阶，从低到高，拾级而上，只有坚持不懈，才能“登峰造极”。不说民国硕儒，不说语文“三老”，单是目前健在的语文名师，如钱理群、王尚文、王栋生等，大都在教法创新、教材建设、课程建设、教育关注、文化关怀这几级台阶上拾级而登。对一个有专业追求的教师而言，课程建设大概就是最关键的一级台阶了吧。专业发展的蜕变、升华主要是在这级台阶上发生的：一个教师能够从课程高度上鸟瞰教学，就能把经验升华为理论，把艺术融合于科学，教学论和课程论视界融合，当下教育和未来眼光彼此贯通，教育规律和社会诉求统筹兼顾。这样的教师一定能成长为教育专家，也就是我们常说的“学者型教师”“教育家型教师”，甚至是“公共知识分子”。

观察树木和鸟瞰森林

初入职时，老教师谆谆教导我们要“吃透教材”：单篇课文的字词句篇、语法修辞、文本逻辑都要细细咀嚼。我确实也学老牛反刍，在细读课文上下过功夫。但只专注一篇文章，一个单元的学习目标有时候就难免难以顾及，一册教材的任务指向，有可能就抛之脑后，必修课程和选修课程的教学目标，可能定位不准，对于现有的教学处在哪种课程框架之中，也相当陌生。随着教龄渐长，视野渐开，见识渐深，从课程到教育，研究的焦点不断向纵深延展。

2000年左右，我开始意识到语文教学改革应该从教材改革和课程实验入手，因着语文活动课程研究的机缘，当时市面上能够见到的权威的课程论专著，我都找来阅读。国外的课程研究各有流派，国内课程研究也蔚为大观。单单“课程”概念，就有几百种的解说。但对我的教学产生影响的是两种朴素的说法：一是课程发展阶段论。知识课程、经验课程、活动课程，是三种先后相继的课程形态，它们也是社会发展、教育进步的产物，这是一般课程研究者的共识，它能解释我国的课程改革为什么走到今天这样的状态。二是吕型伟先生的课程结构“金字塔”之说。根据他的比拟，学校的课程体系应该是一个三棱锥，三个棱面分别表示三种不同的课程类型，即学科课程、活动课程、隐性课程。它启发我们，学校课程应该均衡发展，以求得育人效能最大化。如果我们能够在课程发展的历时和共时框架中思考语文课程，就能更清晰地看到语文课程的优缺点。从历时的维度看，我们的语文课程基本上还属于知识课程；从共时的维度考查，语文课程基本上属于学科课程。如此看来，语文课程的局限性几乎是先天的：因为隶属知识课程，所以传授知识是要务，很少与学习者的经验和活动发生联结；因为强调学科性，所以切断知识、活动、社会之间的循环，课程很少有社会化的实践内容。我们把语文课程放在课程框架中考查，就知道语文教学改革应该从哪里入手。正如对一棵树的考察，如果不放在森林谱系中比较，是无法了解这棵树的属性的。

薄膜覆盖与根株滴灌

早年间见农民种植庄稼，根株滴灌，距离、深浅、分量都要根据“这一棵”的特殊性。吕叔湘先生生前把语文教学比作农业，很有见地。语文素养靠实践、体验、内化、建构，需要一个过程，学生的语感、禀赋、习惯、基础，其异如面，需要分别对待，所以语文教学不能像流水线生产，倒像老农稼穑。一直以来，我在语文教学上的投入，正像老农对待每一棵庄稼，主要的心思和时间花在估摸学情、研究课文、设计教法上，对于备、教、改、辅、考等环节的设计和落实孜孜以求。

但是，“不识庐山真面目，只缘身在此山中”。对庐山进行一番远距离的眺望，我们会发现山外有山。一个教师，对学生产生影响，除了教学技能之外，还靠什么？我常反思，我们这一代语文教师，与民国时代的国文教师差别在哪里？诸如国文功底之厚薄、文史知识之丰瘠、传统文化之深浅、人文伦理之正偏，我们可以总结出很多差别来。但这些差别都是隐性的，用现在的话来说，最明显的差别是课程研发能力。那时没有统一的国家课程，他们自己开设；没有“部编教材”，他们自己编著；没有考试大纲，他们自己规定标准。

记得吕型伟先生曾说过，清末民国时代，绍兴人才辈出。作为生于斯长于斯的绍兴人，得益于“随风潜入夜，润物细无声”的绍兴地域文化。这种文化就相当于“地膜覆盖”，形成了局部小气候，影响着一代又一代的绍兴人。吕型伟先生的“地膜覆盖”之喻，可以借来描述课程的教育功能。民国时代的那些大师，如夏丏尊、朱自清、闻一多、沈从文等，教学水平虽各有参差，但为什么都会给学生留下难忘的印象，甚至有的形成学问上的师承关系？关键不是上文所说的“根株滴灌”之功，而是吕型伟先生说的“地膜覆盖”之效。教师开出的课程就是自己几十年专攻的学问，“我即课程”！教师从事的教学就是自己苦心孤诣的研究成果，“我即课堂”！甚至可以没有教材，满腹经纶，随口而出，“我即语文”！授课的教师、授课的内容、听讲的学生、授课的环境、授课的氛围形成了特殊的课程“气场”。所以朱自清不必口若悬河，金岳霖也可以只跟王浩对话，他们不是“炫技”派，却是课程代言人。可是，我们有一部分老师（也包括自己），太注重教学技巧，以致课堂教学陷入了炫技主义的泥潭。那些“一课成名天下知”的名师和专家，有时间在全国各地飞行“作课”，却舍不得花时间为本班、本校、本区域扎扎实实地建设语文课程。他们最多成为教学专家，而不会成为教育大家。

瞄准星和度量衡

单有教学研究和课程建设的热情还是不够的，单有个体的经验和感性的认识也是不够的，还得要有一定的课程理论，讲一点学理依据。课程理论就是“瞄准星”和“度量衡”。

因为岗位的关系，经常有“度量”教学和课程的机会。常见到中小学老师面对高校课程教学论专家的“度量”不以为然：你来上一节课让我看看！殊不知好多一线教师在学科里沉潜太久，自恃有多年教学经验，满足于应试语境中练就的技能，已经不太关心课程教学论研究的前沿理论，也不太愿意把自己的“课堂”放在“课程”框架里反躬自问，更遑论在大教育视野里反观自照了。即使要设计教学、建构课程，一般也是“内容材料+经验方法”，即根据自己的经验，把若干内容组成课堂（课程）形态，然后用自己擅长的方式加以呈现。课程论专家“衡量”我们的课堂（课程），会从更高、更多的维度上考查，譬如“学科本体性质+课程知识框架+教学教育原理”。既要考查你的内容是否符合学科本体特点，又要考查课程教学理论，说不定还要援引教育学、心理学的原则。一个是“由内到外”的经验外化，一个是“由外到内”的理论观照，“瞄准星”和“度量衡”不一样，结果就不同。现实的情形是我们的语文教学和课程建设太需要“由外到内”的理论观照了。时下，新课改方兴未艾，教师参与课程建设责无旁贷，所以，教师实在需要补一补课程理论这一课！同样一个教学内容，作为国家课程和校本课程，实施的要求有差别；作为学科课程和活动课程，课程价值导向可能不尽相同；放在选修课程和必修课程里，内容的选择应有差异。以必修课程而论，写作教学和阅读教学的本体特点不一样，方法就有差别；即使同属阅读教学，文学类文本和实用类文本，学习目标和教学方式显然也应有区别；即使是文学类文本，作为散文的《老王》和当成小说的《老王》，教学目标和内容显然也是不同的。教师应当悟出这里边的学理依据。

（刊发于《中国教育报》2017年4月19日第11版）

人物介绍

褚树荣：浙江省首批正教授级高级教师，浙江省首批特级教师工作室负责人，宁波市特殊贡献专家。2003年起任宁波市教育局语文教研员，推广语文教师专业成长规划。作为宁波大学、浙江大学教育学院、浙江师范大学兼职导师，开设过课例评析、课堂观察和课程教学论等课程。曾参与人民教育出版社、上海教育出版社高中语文必修教材编写工作，作为浙江省新课程学科组专家，参与教材审定、考试命题等工作。

冯恩洪

回到原点，问道方圆

假如说学校教育是一个有机的生命体，那么基本的组成细胞就是课堂。

今天的课堂决定20年后中国的命运。

课堂是实现教育目的的主要手段。

在基础教育阶段，学生的学习生涯大约由16800节课构成，因此，先有课堂的质量后有教育的质量，没有课堂的质量就谈不上教育的发展。

到2017年端午节前，我在中国大地上累计听了4842节课。其中不乏学生敢于参与、乐于表达、活力四射，老师“胸中有书、目中有人”的好课。教师从知识的讲授者，转变为课堂的组织者和引领者。这样的课堂变化催人奋起，令人振奋，然而更多的“家常课”却引起我的深思。在大量听课的基础上，我深刻感受到，在对课堂的认识和把握这个要害问题上，我们尚欠火候。

“一节课应该怎么上？”这是一个教师职前准备不足、职后发展失之偏颇的命题。坦率地说，我们的师范大学重在方向的引领，给学生的多是教育的原理，缺乏能力的训练。师范生走上工作岗位以后，又进入了“教无定法”的认识误区。“教有常法，教无定法，贵在得法”，是有逻辑顺序的。“教无定法”在完整的语言环境里，毋庸置疑是对的。然而一个师范生由自然人转变为职业人的过程，不是跳过“教有常法”探索“教无定法”的过程，而是先要走进“教有常法”，然后淡出“常法”，才能进入“教无定法”的境界。当教的“常法”和个人的特质结合起来，教师就具备成长为当代教育家的基础和潜质了。对课堂“常法”进行彻底的本质探寻，才能避免在一节课怎么上的问题上陷入苦恼的深渊。

三个维度决定一节课应该怎么上

第一个维度是教材。教材承载教学内容，教学内容决定这节课应该怎么上。第二个维度是学情，教学目的指向学生，实现教学目的要搞清学情，不知道学生在哪里，只追求学生到哪里，何谈有效教学？第三个维度是教育的时代特点，不同的时代教同样的内容，教同样年龄的学生，教法应该相同还是不同呢？农耕经济时代一节课如何上，与工业经济时代、移动互联网时代相比较，有同也有异，同的是教材内容，不同的是社会发展、科技进步对接班人的要求。

中国的课堂教学，书本中心的味道很浓，从目前的课堂呈现来看，三个维度中，教材决定一节课怎么上相对比较清晰，学情和时代特点这两个维度都有所忽略。从这个意义上说，我们现在的课堂教学是教书而不是用书教。

教师的教学设计常常是教师钻研教材的结果，来源于教师的主观。而以学生发展为本的课堂，问题是教学的起点，问题反映“学生在哪里”。教学设计不应源自教师的主观，而应依据来自学生的客观。好课堂的美，不是完美，而是缺陷美。这是一个不该忽略而被很多教师忽略的维度。实践证明，这也是妨碍教学质量提升的重要环节。

现在回忆起来，几年前，美国人在教育网站上提出一个问题：我们的孩子生在移动互联网时代，我们的孩子就业在移动互联网时代，我们的孩子退休还在移动互联网时代。想让孩子们在移动互联网时代收获幸福人生，和工业经济时代、农业经济时代时一样还是不一样？上千万个美国家庭卷入这场讨论。他们的选择结果是：移动互联网时代是能力比知识更重要的时代。美国人认为，移动互联网时代的幸福人生离不开自我管理能力、信息处理能力、有效表达能力、沟通协作能力、正确思想能力、好奇心、想象力和创新变革能力。走进移动互联网时代，美国人的幸福人生离不开这几种能力，在中国难道不是这样吗？这一场讨论启示我们：教育是有鲜明的时代性的，优秀的教育是属于时代的。

想通大道理才能做好小事情：一节好课由三个维度决定，只有明晰了三个维度的坐标，才能上好一节具体的课。从这个角度看，重视教育就要重视课堂，关注教育就要关注课堂，领导教育就要领导课堂。绝对不能学问越高离课堂越远，职务越高离课堂越远，那是教育发展的误区。

三个要素决定一节课是否能上好

中国是人口大国，但还不是人力资源强国。承担人口大国发展成为人力资源强国重任的是中国的基础教育，有什么样的课堂就有什么样的国民素质。从某种意义上来讲，中国人口众多却人力资源不足的重要原因是教育陷入了误区。

承担人力资源重任的教育，在课堂教学过程中首先要注入问题要素。一个民族的创新变革的能力，说到底就是发现问题和解决问题的能力。学生的问题意识与能力要从课堂中来。课堂不能没有问题，课堂教学的过程就是教师无疑时导向有疑，有疑时导入无疑的过程。学生获得新知的过程，不意味着要教师全部讲授。通过有效预习，新知识可以分成两部分，学生看得懂的新知识和学生看后起疑的新知识。看后起疑的新知识就是问题，问题是有效教学的起点，没有问题就没有高效的课堂。教师不知道学生在哪里的原因是不知道来自学生的问题，课堂上只能是演绎推理的教学。当一个教师重复学生已会的知识的时候，这节课的效率就要受到质疑。

全国各地许多教师问我："我也想让学生提问，我给了他们时间，他们提不出问题，白白浪费了时间，怎么解决？"发现问题的能力靠的是遗传基因吗？发现问题的能力在于后天的训练，没有有效的训练哪有发现更好问题的能力呢？从我在全国11个省市实践的情况看，更值得我们重视的不是学生提不出问题，而是面对来自学生的诸多问题，教师理论准备、专业素养和课堂驾驭能力不足，筛选不出最有价值的问题。

我曾经在海南听小学一年级的语文课《司马光砸缸》。上课到第13分钟，生字教学结束以后，小朋友主动提问，提的第一个问题是："小朋友掉进缸里以后，其他小朋友都慌了，司马光也是小朋友，司马光为什么没慌？"那天是10月21日，6岁的孩子，入学不到两个月，已经能发现最有价值的问题。更值得我们思考的是，那天的执教者被孩子们问住了，因为大学里没讲过"司马光为什么没慌"。这个案例提醒我们，不要怀疑孩子们发现问题的能力，如何面对孩子们提出有价值的问题，对教师的专业教学素养将是一个有力的挑战。

课堂要注入的第二个要素是合作。新加坡政府把走进移动互联网时代，让500万新加坡人学会合作，作为新加坡持续繁荣的立国之本。当新加坡把发现合作的价值当作立国之本的时候，我们炎黄子孙似乎不应该再把合作置于教学之术的低水平上了。集体智慧永远高于个人智慧，一个人不能解决的问题，不代表四到六个人不能解决，应让学生从小在老师的带领下激发合作的需要，参与合作的过程，享受合作的成果，养成合作的习惯。

课堂是由教材、教师、学生三个基本因素组成的。教材是教师无法选择的，学生却是有差异的。同一间教室里，有差异的学生拿着无差别的教材，这就形成了一对矛盾。教材是标准的，标准是重要的，但学生需要合适的学习内容，合适比标准更重要。面对相同的教材、有差异的学生，让每一个有差异的学生都实现发展，课堂需要第三个要素——合适。常识告诉我们，让有差异的学生都得到发展，是在最近发展区里实现的。学习能力不同的学生，最近发展区是不同的。在这种前提条件下，如果是"教书"，一定会出现好学生吃不饱、学困生消化不良的现象；如果是"用书教"，一切就会另当别论了。课堂需要结束"教书"，走进"用书教"，给每一个有差异的学生设置"伸出手来够不到，跳起来能够得着"的目标。如果我们能控制合适，课堂上就不会出现厌学现象。厌学说到底是学习目标不合适造成的。

从实践出发，我认为：一节好课是问题引领的课，是合作探究的课，是控制合适、走出"教书"走进"用书教"的课。

两个途径帮助教师走进好课堂

改变教育就要改变课堂，改变课堂首在改变教师。改变教师，全世界都使用的方法是教师入职后的继续教育。从人民群众热切希望提高教育质量的角度看，改变教师、帮助教师的目的是成就学生。改变课堂的方法是短线，短线着力于当下；教师专业素养提升是长线，长线着眼于未来：有效的继续教育要既抓长线也抓短线。

15年来，我在中国大地上实践“中国好课堂”活动，成功帮助1400所中小学改变了课堂。在这个过程中，我懂得了一个道理，没有教师不想把课上好，没有教师不想把学生教好，这是我们评价当前教师队伍的出发点和归宿。相信大多数教师有教育理想，有道德良知，有实验精神，这是我们帮助教师的出发点。尊重人、研究人、满足人才能提高人。因此，帮助教师也要用教师喜闻乐见的形式。

教师们不是生活在概念和理论中，他们每天接受的事情都是具象的，引导教师转变课堂行为，要针对教师的特点。教师们这样评价只有抽象没有具象的继续教育：学习中听得热血沸腾，回到讲台上一头雾水。帮助教师在实践中成长，让教师潜能释放、有效的继续教育，才是适合的、有意义的继续教育。中国教育界重视继续教育的大方向是对的，然而对什么是合适的继续教育方式研究不够。这个合适既要有抽象的引领，也要有具象的指导；既要有思想引领，也要有教学行为的具体帮助。必须针对教师们想要在课堂上实现教学目的，却不知道自己的学生在哪里，陷入“教书”而走不进“用书教”的现状进行突破。

途径之一：通过有效的教研，帮助老师养成二次备课的习惯。

第一次备课备教材，备教材是为了指导学生有效预习。目前指导有效预习的方式有导学案，有十分钟微视频，有问题发现法等，这都是指导学生有效预习的手段。在学生有效预习以后，教师通过有效的预习检查，掌握学生的预习情况，结果毫无疑问会三分天下：一是全班都对的，这就不需要老师讲，全班都会的问题老师还要挂在嘴上就不是高效的课堂。二是有人对有人错的，要组织学生合作探究，让学生自己教育自己，纠正错误，拥抱成功。三是个别问题全班全错的，合作讨论的基础不存在，老师应该在引导启发的前提下讲授。基于学情的掌握，教师进行第二次备课，基于学习目的导出最佳问题，设置问题解决的路线图。这样的课堂就不会“胸中有书、目中无人”，而是高效率的好课堂。当然，二次备课“帮助老师，成就学生”是一个过程，会出现各种各样的实际问题，但是好的课堂从来不是追求完美的，中国好课堂的价值取向是追求缺陷的美。

途径之二：对“合作与合适”结合的研究。

基于合作，需要课堂实现理念与行为的转变。现在的课堂，老师是教班的，未来能不能从教班走向教组？老师要把学生组织起来，引导有领导力的学生争当学习小组长，形成小组文化，课堂植入即时评价、有效激励的元素，这样我们的教师就能结束教班，走进教组。

基于合适，需要提高教师读懂课程标准和教材的能力。一门学科知识点有多少，能力要求是什么，这是国家标准，国家标准是相同的；学生的起点不同，知识点不等于合适点，合适点在哪里，这是校标，是因校而异的。基于国家标准，基于知识点与合适点，围绕每一个合适的知识点，要研究题型有几种。题目是做不完的，但题型是有限的。在农耕经济时代，因为信息闭塞，学海无涯苦作舟可能是正确的。今天在云平台大数据的时代，强调学海无涯苦作舟是误人子弟。学海无涯更需良师导航，老师“下海”概括出题型，才能把复杂的事情简单化，让学生在良师的带领之下，走向成功的彼岸。因此，追求合适本质上是提高教师读懂教材的能力，通过两次备课，既读懂了教材，又读懂了学生，明白学生在哪里的教师是良师，更是恩师。

中国好课堂通过合适的继续教育成长途径，帮助教师实现专业发展，从我们的局部实践来看，结果都是喜人的。我基于局部实践的经验形成此文，与各位关注课堂教学的教育界的同仁共享。

（刊发于《中国教育报》2017年9月6日第9版）

人物介绍

冯恩洪：1945年出生，毕业于华东师范大学。曾任上海建平中学校长、建平（集团）学校总校长，现任中国教育学会学校文化研究分会副理事长，中国好课堂项目办公室主任，上海师范大学、华东师范大学、复旦大学管理学院客座教授。曾被评为全国模范班主任、上海市特级教师、上海市优秀教师标兵、上海市劳动模范、全国教育系统劳动模范，四次被评为感动中国教育改革十大风云人物，六次获得全国及上海市教育科研一、二等奖。代表著作有《探索明天的教育》《创造适合学生的教育》等。

陈自鹏

教师成长：边学边悟是诀窍

不断反思总结教学方法

37年前，从天津静海师范学校领得一纸中师文凭后，我告别父亲，扛着行李，坐上火车，一头扎进了离家乡千里之遥的太行山。21岁的我站在中学的讲台上，能不能胜任教学工作，能不能做个合格的英语教师，我心里实在没底，只能边学边干……多年来在一线担任英语教师的经历，让我体会到，对教学实践的反思和改进，是教师专业成长的关键。而教学方法的改进，则是教学改进的突破口。

首先，需要总结英语词汇记忆方法。英语学习是一个既包括习得又包括学得的复杂过程。英语知识和技能的获得，需要经历模仿、记忆和活用三个阶段，而记忆又是语言学习中的一个难点。如果能帮助学生迅速突破记忆这个难关，会起到事半功倍的效果。在教学中我尝试指导学生通过各种方法提高记忆能力，诸如朗读记忆法、构词分析记忆法、理解记忆法、范畴分类记忆法、联想记忆法、趣味记忆法等等，共总结了40种词汇记忆方法。这些记忆方法大大提高了学生英语单词记忆的效率。

其次，努力推广情境化语言学习方法。英语对我们而言是外语，语言环境的缺失是教学的一个难点。为了克服这个困难，教学中我千方百计帮助学生创设语言情境并引导他们进入语言情境。在创设语言情境时，我主要运用两种方式：一是他设情境，二是自设情境。他设情境是指自然的外语情境，比如听英美人士讲英语、用英语与外宾交谈等等。这种情境对外语学习非常有帮助，但由于客观条件的限制，对于多数外语学习者来说，平时较少有机会直接与英美人士对话。自设情境则是非自然的外语情境，是外语学习者为学好外语而创造的一种情境。自设情境方便易行、灵活实用，不受时空和客观条件的限制。在教学中我曾用过多种方法设置情境，比如模拟练习法、实物联想法、主动思维法等等。

在问题研究中悟道

多年以来我在“天铁教育专家工作室”担任首席专家，我对我的徒弟们说，一个优秀的教师需要心中有经典，理论有创见。而理论创见的灵感来自实践研究。能不能进行理论研究并且对教育之道有所感悟，是一个普通教师和优秀教师的分水岭。

教师要善于在问题研究中悟道。有四个方面的问题是教师教研必须面对的问题。第一是教育教学重点问题。重点问题是指对教育发展起着重要影响的问题，比如在英语教育中如何实施素质教育，就是每一位英语教师都不能回避的重大问题。我们认为，英语教育不仅要让学生学到语言知识，掌握语言技能，还要提升学生综合运用语言的能力和素质。只有如此，学生才能得到全面、协调、可持续的发展，这是英语教育满足国家发展需要的社会本位要求，也是满足学生发展需要的个体本位要求。第二要研究热点问题。热点问题是指业内、业外乃至全社会都非常关注的问题。比如，核心素养培育目前是大家比较关注的问题。英语学科核心素养的培育也是英语教育立德树人的本质要求。我们在教学中既要注重培养学生语言知识与语言技能的学习能力，更要注重培养学生全面发展和终身学习的能力，特别是与社会统一协调发展的能力。第三要研究难点问题。难点问题是教育教学工作中不容易解决好的问题，比如英语教育中的规划与效益、主导与主体、习得与学得、母语与外语、听说与读写、知识与能力、语言与文化、虚拟交际与真实交际、智力因素与非智力因素等关系的处理都需要教师细心考量，认真研究。第四要研究疑点问题。疑点问题是教育教学中大部分人都感到困惑不解的问题，比如英语教育中一直以来饱受人们诟病的“费时较多，效率不高”的问题。研究中我们发现，造成这一问题的根本原因是教学没有整体优化，解决这一问题需要从教学思想、教学环境、教学内容、教学环节、教学方法、教学评价等要素入手，真正做到科学统筹，全面优化。问题研究不仅是教师悟道的过程，也是教师增长教育智慧的过程。

注意摸索教育教学规律

在教学中我注重因材施教，不断尝试对超常生、学困生和“问题生”教育方法的改进。在班级管理和学科教学中，我们遇到的每一个学生都不相同，具体而言，超常生、学困生和“问题生”是其中较有代表性的例子。超常生是指那些天资聪颖、智力超群的学生。对于这样的学生，我的态度是：一不偏爱，二不抬爱，三不溺爱。制订个性化培养方案，使其优上加优。学困生则是指学习基础较差、学习经常遇到障碍和困难的学生。对学困生我采取的态度是：一不忽视，二不轻视，三不歧视。学困生的情况比较复杂：有的双基不牢，有的分析问题和解决问题的能力欠缺，有的虽然学习很努力但学习方法不科学，有的学习习惯不佳……在教学中我注重对症下药，进行有针对性的指导，逐步帮助学生提高学习成绩。“问题生”是指那些由于心理健康问题而导致思想和行为问题的学生。这类学生心理问题成因比较复杂，教育教学工作难度很大。在我看来，对他们应该采取的态度是：一不抛弃，二不放弃，三不毁弃。对于问题严重的，应在心理教师和医生的指导下，进行必要的心理干预和药物治疗。作为教师，对于所有学生都应当一视同仁，面对超常生、学困生和“问题生”，我们应该看作一个机会、一种幸运，我将之称作教师专业成长中的“三生有幸”。多年来我和同事们迎难而上，在“三生”教育方面取得了较为显著的成效。

通过长期的教学研究，我发现，英语教学需要遵循两个方面的规律：既要遵循语言本身的规律，又要遵循语言教学的规律。此外，还要综合运用各种教学法指导学生全面提高语言学习能力和语言运用能力。不断摸索并遵循教学规律，英语教学就会少走弯路，提高效益。

（刊发于《中国教育报》2017年8月10日第3版）

人物介绍

陈自鹏：1959年出生，教育学博士，中学英语特级教师，天津市优秀教育工作者，全国钢铁工业劳动模范。现任天津市河东区天铁教育中心主任。著有《中国中小学英语课程教材教法百年变革研究》《教师幸福追求之道》等，曾六次荣获天津市教学成果奖，一次荣获全国级优秀教学成果奖。

郑志湖

以学为中心，回归教育本源

在多年的教学生涯中，我始终认为，物理教育是富有生命力的一种场。在物理学里，场是一种以时空为变量的物质，但在物理课堂里，场可以视为一种以时空为变量的生命体。物理教师要善于对物理现象、物理问题、物理教学本质进行寻根究底的反思。

从“知识重现”到“知识重演”，构建“学为中心”的课堂

1978年，我从一所中师学校数理专业毕业后，开始担任高中教师。我教师生涯的最初阶段，连续七年在全县生源最差的学校担负高中毕业班的物理教学工作，但我所带班级的高考平均分却超出了全县生源最好学校的平均分20多分。这个成绩的取得在于我更为关注学生能力的培养，而不是只在意一时的分数，学生能力提高了分数自然也会随之提高。教学过程中我一直在思考：在高中物理教学中如何培养学生的科学素养？课堂教学如何体现以学习为中心？实验教学中如何挖掘物理实验功能？

工作之初，我就面临学生的挑战：物理专业知识可能只有少数学生今后会用上，为什么全体学生都要学呢？问题的实质就是要追寻物理教学的价值。物理教学不应只教授书中的概念、规律及其应用，还应带给学生更多更珍贵的东西：理性的思维方式以及由此衍生出的人生哲学。让学生终身受益的不是物理知识本身，而是学生在接受物理教育过程中逐步形成的适合个人发展和社会需要的必备品格和关键能力。因此物理教学必须关注

物理知识的文化取向，开发物理知识的育人价值，从传统的以知识为本的物理教学转向以培育核心素养为主的物理教育。

传统的课堂教学仿佛常演不衰的教案剧。其实，教育是一门慢的艺术，教师应具有农人心态。教师应追寻教育的本质：教学主体是学生，教师只是教学活动的组织者、引导者、参与者。教师要促进学生高效学习，让学生进入自主发展快车道。物理教学要回归本源，把课堂还给学生。

物理教育应从“知识重现”转向“知识重演”。“知识重演”更关注知识建构的过程，它不仅能揭示客观世界的一些普遍现象，同时具有重要的方法论意义。教师可以重演物理知识的发生过程，指导学生以情境引出问题，以问题引导探究，以探究得出真知，进而有能力去揭示或感受物理知识发生的原因、形成的过程以及发展的方向。

从教与学的功能差异来看，应学为中心，将学生能动、有效的学习活动作为课堂教学的主要活动；从教与学占用的教学时空来看，应少教多学，让学生能动、自主、合作、探究的学习活动占据主要的教学时间和空间；从教学决策来看，应以学定教，依据学生的知识、经验和思维过程，确定“教什么”和“如何教”。

关注实验过程，通过问题驱动培养学生能力

实验是物理教育的基础。我一直在探索：物理实验教学中如何激活学生学习物理的兴趣和求知欲？如何通过创设生动的物理学习情境培养学生的观察能力和探究能力？如何培养学生通过表面现象揭示事物本质特征的能力？

物理学家为了探求世界的奥秘，曾经运用科学实验发现了很多规律。这些科学实验的意义不仅在于实验结果，更在于实验本身：精巧的设计、独到的方法和深刻的分析。教学中，我努力挖掘实验功能，引导学生去追溯物理学家思考的原点。下面是我改进物理实验教学的一些策略与方法：改验证性实验为探究性实验，改部分教师演示实验为学生自己实验，增加学生实验和课外小实验的数量。具体方法是：自制和改进实验器材，实现

实验最优化；针对新课程中新的实验进行开发，使实验同步化；开发与学科习题相关的随手实验，让实验直观化；将家用电器、玩具等进行改造，或者直接利用，使实验生活化；配合DIS实验系统开发配套实验，推进实验现代化；建设物理创新实验室和专用课室，促进学生个性化发展。

建设开放实验室，引导学生从观察兴趣转入操作兴趣，为学生的自主探究提供空间。鼓励学生选取合适的探究项目作为实验内容，学习并实践科学家的探秘思路和方法，通过研究、分析实验现象，实现兴趣层次的升迁，从而从被动的观察者变为主动的实验设计者和研究者。

在新课改背景下，培养学生的主体意识和创新能力是教学的重中之重。我带领的省、市物理名师工作团队一直在探索以培养学生物理科学素养为目标的教学方式。目前我们构建了以“学习主动、问题驱动、教师导动、多元互动”为特征的“学为中心的高中物理教学设计”策略，具体包括教学目标、教学情景、学习方式、教学方法、互动行为和“互联网+课堂”等方面的一系列设计，从各种课型的分类、特征、引入方法、教学策略及应用等方面进行了深层次的探索。

分类分层的选修课，为学生个性化发展搭建阶梯

发展学生科学素养，需要以课程为依托，课程的品质会直接影响学生科学素养的高低，课程的结构会影响学生科学素养的结构。设计合理的课程体系无疑有助于学生科学素养、思维能力、探究能力和创新能力的培养和发展。

那么学校应该为学生提供怎样的课程体系，才能满足不同潜质学生的个性化选课需求呢？在我看来，物理学习应建立在对物理知识、技能方法的掌握和探究兴趣的基础之上。因此我们构建了基础类、拓展类和研究类不同层次的课程。以研究类课程为例，主要面向具有学术潜质的学生，适合部分在物理专业领域有一定优势和成就的学生进行定向学习。课程注重培养学生的研究能力和创新意识，为特长拔尖人才搭建成长阶梯。课程从生产、生活和现代科技中的问题出发，突出物理思想、物理方法、物理实

验在物理研究中的应用，及时吸纳现代物理发展的新成果，加深学生对科学、技术、社会、环境之间关系的认识。

我们学校的研究类课程还利用本地企业提供的当今世界本领域最先进的生产技术、设备、人才和文化资源，与国家级高新技术企业和国家汽车零部件出口基地企业联合构建了多层次的机械工程类、电子工程类课程群。在“水平Ⅰ”选修课程的基础上，以研究小组的方式开设项目课程（水平Ⅱ课程），通过任务驱动学生进行项目式学习，探索更高难度的专业知识。由此形成两级梯度课程——通识性的选修课程与高层次的研究项目课程。

这样的物理教育能激活学生自主发展欲望，为学生自主发展搭建阶梯。拓展型课程可以成为一个突破口，以能力培养为导向，将创新型人才培养、未来能力需求、大学专业和职业导向等相关理念都融到课程设计之中，使学生在学习过程中自然而然地掌握终身发展和应对社会挑战的必备知识和方法。

建立全景评价系统，探索差异化评价方法

30多年来，我一直在思索物理教育评价问题：物理教育评价在价值取向上应如何从过度追求现实功利转向追求人的发展价值？设计良好的评价系统可以成为改进教学的有效手段，让师生体验成功，并在激励中取得更大的成功。物理教育应满足每一名学生的发展需求，因而物理教学评价的出发点和落脚点应是促进学生、教师、课程的发展。近年来，我们构建了以学习为中心的高中物理教学设计评价方法和“以学论教”物理教学质量个性化评价方法。

我们的评价系统的特点是：从学生的视角审视教学过程，关注“全景式”教学过程，尊重学生差异，将教学过程与评价过程整合，评价过程突出师生互动，给师生提供全面准确的教与学信息。“以学论教”课堂教学评价，以学生的情绪状态、思维状态、互动状态和目标达成状态为依据，在研究课堂教学质量相关因素基础上确定评价指标。作业设计的评价，从作业目标、作业题材的选取、作业呈现形式以及作业与学生的匹配度等四方

面入手。探索有助于师生进行自我诊断、自我反馈、自我调节的学业水平发展性增量评价，采用个体差异评价法，以学生原有基础上的发展增量为评价依据。关注学生认知结构、学习方式、知识水平差异，构建满足学生差异化发展的个性化评价方法，实现评价主体、内容、方法、结果呈现和功能多样化，从而促进了教学管理、课程、教学、考试、评价反馈、改进的一致性，实现了评价各个环节的有效对接，把教学管理、教学研究、教学过程与科学的评价系统关联起来。

（刊发于《中国教育报》2018年3月14日第10版）

人物介绍

郑志湖：浙江省天台中学校长，物理特级教师，省功勋教师，国家督学，全国劳动模范，享受国务院政府特殊津贴专家。研究成果曾获2012年、2016年浙江省人民政府基础教育教学成果一等奖，2010年获全国首届基础教育课程改革教学成果一等奖，2014、2018年两次获基础教育国家级教学成果奖二等奖。已出版《中学物理实验功能的研究与开发》《高中物理高效课堂教学策略》等专著。

贲友林

在教与学的重构中成长

如果一位教师不上课，还是教师吗？如果一位教师不好好上课，上不好课，那算是怎样的教师呢？其实，这都是常识性的问题。或许我们没有常常去认识，也就变得“不识”，即忘记了常识。

今年，当我得知被评为国家“万人计划”教学名师时，我在教学手记中写下了上面那段话。我以为，教师的生命、价值与意义，都在课堂中。

设计课堂，也设计自己

我1990年中师毕业。初登讲台的我，不会备课，更不要说教学设计了。每天课前，我把两本参考教案中的教案抄一遍，然后照着教案上课。在抄写教案的过程中，我慢慢明白了“导入新课、教学新课、巩固练习、课堂总结、课堂作业”这样的课堂教学流程，虽是套路，但就这样我在课堂中蹒跚起步了。

2001年，我参加全国小学数学第五届观摩课评比并获一等奖。但我以为，真正成就我获奖的不是那一节课，而是那之前六年独立备课的经历。每个星期日，我都是先看教材，再独立做教学设计，手写教案，尽管那时已有各种教案集等参考资料，但我从不抄袭，就这样准备好一周的数学课。六年独立备课的锤炼，让我养成独立思考的意识与习惯，后来我的比赛课、公开课、家常课，都是自己琢磨，自己设计。

从2002年2月27日开始，我坚持每天在上完课之后写课堂教学手记，记录自己的课堂教学过程，记录自己的教学思考，记录学生是怎样学的、自己是怎样教的，记录我的教学行为背后的想法。十几年来，一直未间断。这是我给自己布置的作业，是我把教学设计作为基本功在锤炼。教师的基本功，不仅仅是传统意义上的“三字一话”。教学设计，是需要教师用一生时间去修炼的基本功。每天上课之后的记录，是与自己对话，跟自己诉说，和自己谈心。我不仅找到了适合自己的教学设计方式，更养成了过内心生活的习惯，让自己祛除内心躁气，心无旁骛，保持自由、从容、宁静、专注。

现实中的教师是怎样设计教学的呢？如果是公开课，往往是团队协作，数易其稿，反复试教，不断修改完善教学设计。如果是家常课呢？有了互联网，可以在很短的时间内通过搜索、下载、打印，“搞定”教学设计。

这样还是教学设计吗？教师一般都很重视上课。如果说上课是“面子工程”，那备课才是“根基工程”。备课是“养兵”，上课是“用兵”。备课是最有利于教师教学能力提高的途径，也是为教师课堂教学这个“脸面”充实内在“品性”的最佳方法。教学设计，本应是脑力活，在现实中怎么就变成了体力活了呢？教师，该在“面子工程”上着力，还是在“根基工程”上下功夫呢？

作为教师，应当从以往关注“有没有备课”转而探讨“怎样备课”，并进一步深入研究与实践“怎样更有效地备课”。在“百度”时代，每位教师是否可以个性化定制自己的备课方式呢？我的教学设计，最初设计怎样教学生；后来设计怎样教学生学；再后来设计怎样教，学生能够主动地学、创造性地学、个性化地学。教师在设计教学的过程中，也设计着自己。

发现学生，也发现自己

结合我的成长经历，我把教师的成长大致分为三个阶段：第一阶段，关注教材，知道自己教什么；第二阶段，关注自己，在课堂中展现教师自己，从目前大多数公开课可以看出这一特点；第三阶段，关注学生，教师明白了教是为了学。从第一阶段到第二阶段，一般能自然过渡；从第二阶段到第三阶段，则需要教师的用心与努力。

做教师，总是时不时回忆自己曾经上过的课。每位教师所上过的课，就形成了自己的课堂教学史。在我工作20年的时候，我回顾、梳理自己曾经上过的课，有三节课对我具有特殊的意义。

第一节课是《平面图形的面积总复习》。2001年，我经过县、市、省一轮又一轮的初赛、复赛，最后参加全国赛课，获一等奖。全国一等奖，给了这节课一个美丽的说法。当年，一个又一个通宵地准备，一遍又一遍地试教——导入环节，“买油漆”改成“卖土地”；练习环节，每一道题目，殚精竭虑，力求与众不同；课件制作，每一处精雕细琢，精益求精……当时，我按部就班地上课，关注得更多的是知识点，是听课老师包括评委老师的反应。今天看来，我觉得这节课似乎可以定义为“为教师的设计”，既为听课的教师而设计，也为执教的教师而设计。

第二节课是《认识时分》。这节课中“师生一起画钟面”的教学创意源于我家常课中的设计，而学生有关“闹针”“秒针在最外层、时针在最里层、分针夹在中间”的想法也让我尴尬过。课堂的成功，恰恰源自对孩子生活的关注、对童年的关注。而尴尬，也恰恰是由于教师对学生的“视界”关注不够。进而我感受到，教学过程中，学生的“反应”直接影响着教学活动的进程，并促使教师根据学生的反馈信息进一步调整教学活动的目标、内容、方式和进程。学生，影响着教师的教学。学生，应走进教师的视野。我们常常说，作为教师，要弯下腰、蹲下身，从学生的视角看待学生的世界。我以为，作为教师，还需要直起身，以成人豁达宽广的胸怀尊重、接纳学生的世界。

第三节课是《7的乘法口诀》。2004年，江苏省教研室在苏州举办青年教师教学展示活动，我上了这节课。这节课的影响，出乎我的意料。至今，还有不少教师在网络中点击观看这节课的视频。回顾当年这节课试教、调整与改进的经历，我认为：教师的教学活动设计应当以学生年龄特征、心理发展特点、学习状态与水平为基础。若以往这句话还停留于纯粹“引用”的层面，那现在这句话已经真正内化成教师的想法了。教学设计，因学生而调整、改变。教师看学生，不再是浮光掠影、蜻蜓点水。

三节课，有故事；三节课，有思考。对过去课堂的回顾，并不是让自己留恋过去；对过去课堂的反思，也不是让自己否定过去。我们需要“历史地对待历史”，历史是流动着的，从历史中走来，对自己流动着的思与行的梳理、审视，是为了认知当下，瞭望未来，摸索走向与路径，让今后走得更明智、更稳健、更坦然。

我从三节课中，发现了学生。发现学生，意味着重新认识学生，建构新的学生观；意味着教学从学生出发，学生的发展是教育教学的出发点和归宿。我在我的第一本书《此岸与彼岸》中写下这样一句话：“对学生视而不见的人，对自己也是盲目的。”

我从三节课中，也发现了自己。我的课堂教学从以教为中心到以学为中心的嬗变，以及在这十年中在构建“学为中心”的课堂方面深沉的努力，和我这三节课是密不可分的。

重构教学，也重构自己

小学四年级学生在认识“角”时，容易误认为角的边画得越长角就越大。教学“角”时，不少教师常常把两根细木条的一端钉在一起制作成“活动角”。但这样的“活动角”，只能让学生直观地看到角的大小与两条边叉开的大小有关，却不能解决学生的上述“误识”。多年前，受电视机上“羊角”天线的启发，我用两根直的可伸缩的电视机的天线替换木条，制作了“活动角”。教学时，将“活动角”的两条边叉开的大小固定，天线拉出来，“边”则长；天线推进去，“边”则短。学生观察，边的长度在变化，角的大小始终没有变，这就生动形象地解释了角的大小与边的长短没有关系。

三年前，又一次组织四年级学生认识“角”。我布置学生在双休日制作一个升级版的“活动角”。和原来一样的是，两条边可以旋转，“升级”在两条边的长短还可以变化。

双休日过后，我邀请学生展示他们的作品。学生的创意太丰富了。如：粗吸管里“套”细吸管，粗纸卷里“套”细纸卷，粗纸条里“套”细纸条。还有，角的“边”通过折叠的方式变化长短……

在展示、交流的过程中，有学生说：我知道老师之所以要我们做升级版的“活动角”，就是让我们明白，角的大小和边的长短没有关系。有学生说，我知道道理，角的边是射线，射线是无限长的，可以画得长一些，也可以画得短一些。所以，角的大小和边的长短没有关系。学生在制作过程中，自己琢磨出数学中的“道理”。

说这个案例，我想表达的是，教师应与自己同课异构。说到同课异构，我们往往认为是不同的教师就相同的课题在同一个教学研讨活动中执教呈现，用课堂表达各自不同的设计与思考。我以为，每一位教师更需要有与自己“同课异构”的自觉、勇气、能力与自信，即由与他人“同课异构”转向与自己“同课异构”。与自己“异构”，通过对同一个问题的思考、阐述、理解、辨析、感悟、再思，构建一种对话场域，在对话中沟通理解、触发思考、促使优化、走向深刻。

教学中的改变，不仅仅是教学行为的变化，更有认识的变化。我在上述案例中的“异构”，正是表达我对以学为中心的理解。以学为中心，在教学中，教师把学生带到学习任务中，以学生已有知识和观念为新的教学的起点，给学生更多学习和建构的机会，根据学生的学习过程设计相应的促进学生学习的教学活动。教师不仅要关注学生学了什么，更要关注学生是怎么学的、学生在学习过程中的态度如何，从而促进学生获得全面、生动、积极、和谐的发展。

萧伯纳说：“我不是你的教师，只是一个旅伴而已。你向我问路，我指向我们俩的前方。”课堂教学的过程，就是教师伴着学生一起前行的过程。有两种样态：一种，教师在前，学生跟在教师后面，亦步亦趋；另一种，教师相信学生有前行的愿望与能力，放手让学生自主往前走，当学生前行方向出现较大偏差时，教师跑到学生前面引一引、指一指、带一带，然后又退到学生中间，或者在学生的后面，甚至做在路边为学生鼓掌的人。这两种课堂样态，正是对“教为中心”与“学为中心”课堂的形象描述与直观勾勒。

教师重新构建教与学的关系，当学生的学习真正发生时，我们发现，课堂上，人人都是学习者，个个都是小老师；我们发现，教师与学生，其实是“同学”关系。我对“学为中心”作出新的自定义：以师生的学习为中心，师生共同学、一起学、互教互学。在这样的“学为中心”的课堂中，师生共同享受生命成长的美好。

（刊发于《中国教育报》2018年5月30日第10版）

人物介绍

贲友林：现任教于南京师范大学附属小学。小学数学特级教师，国家“万人计划”教学名师，第三届“全人教育奖”提名奖获得者，课标苏教版小学数学教材编写组成员。曾获全国小学数学优化课堂教学第五届观摩课评比一等奖。出版《此岸与彼岸》《此岸与彼岸Ⅱ》《现场与背后》《贲友林与学为中心数学课堂》《寻变：贲友林的“学为中心”数学课》等专著。

罗滨

在成就学生中促进自身成长

工作近30年，从一线教师到教研员，从教学副校长到校长，从兼职教委副主任到担任教师进修学校校长，让我能够从不同角度考虑教育教学。从化学教学到课程标准研制，从每天和学生在一起到和教师在一起，从自己努力上好课到帮助其他教师上好课，让我能够从不同角度思考师生的成长。

通过自我反思改进教学

回顾自己从教最初的十年，大致经历了五种方式的教学探索，这为我之后的工作打下了坚实基础。

讲解接受式教学。入职初期，心中好教师的标准是“上课讲解清楚明白、课后耐心答疑解惑”。我每周参加区教研活动、听老教师讲课，反复修改教案、提前准备好实验，精心上好每一节课。学生喜欢我上课清晰的讲解及较强的逻辑性。直到一次大考，学生答卷让我意识到从讲解清楚到学生理解之间是有距离的。

启发发现式教学。尝试将教学内容转化成问题，学生通过看书、讨论，把对问题的理解和解决思路表达出来，我就知道他们理解到什么程度了。评价教师的标准变成了“学生对化学双基的掌握程度”。但是，半年多的时间，又有了新问题，缺乏实证，有些问题难以深入。

实验探索式教学。我整体指导，学生做实验，观察、记录、分析、讨论、得出结论，获得丰富的直接经验。此时，评价教师的标准是“学生的实际收获和兴趣”。后来又发现，照方抓药式的验证性实验，学生的思维受限，也难以保持持久的兴趣。

问题解决式教学。学生通过预测、设计方案、实验并记录、得出结论、交流分享来学习。从已知到未知的探索，无论成功与失败，学习的过程都会深深印入脑海，甚至还成为毕业多年以后再聚会时谈论的话题。当时我认为评价教师的标准是“学生解决问题的能力”。两年后又发现，学生洞察问题和提出问题的意识缺乏、能力不够。

探究式教学。进行探究式教学的尝试，备课时我根据教学内容，收集大量的真实素材，学生独立或者和我一起提出主要问题，再来探究解决。此时我心中评价教师的标准发展成为“学生发现和解决问题能力的发展情况、化学研究方法的掌握情况、兴趣是否浓厚而持久”。

做教师，就要努力上好每节课。自己不知不觉走出一条基于研究的教学改进之路，出发点和落脚点都是学生的成长。学生从喜欢化学到喜欢学习，从学会化学知识到从化学的角度分析问题、作出决策，从关注成绩到关注社会，他们的成长总能让我感受到生命的意义。

通过更多好课成就学生

课改就要改课，好课成就学生。课堂是学生学习的主阵地，课程改革就要在主战场上打攻坚战。在我工作的第二个十年，课题研究成为提高课堂效率的有效措施。我先后主持了“高中化学问题情境创设”“实验化学实施策略”“提高中等生课堂学习效率”“化学精品课程资源建设”和“创新人才培养”等五个课题。五个课题组就是五个教研团队，大家自愿走到一起，从问题到课题，明确目标和任务，开展研究和实践，通过持续反思和改进，好课越来越多。

好课就是发生了有意义的学习的课。未来，跨界创新成为新要求，好课就要为此服务，特别是要发展学生的全球胜任力、数字读写能力、创新能力和国际理解能力以及培养坚毅、敢于承担责任的品格。好课要带给学生经历和体悟，每一名学生在解决问题的过程中都能创生新意义。学生的理解和应用是交叉进行的，在理解中应用，也在应用中理解、建构新的认识，形成新的思路。这些基于学科又超越学科、超越今天面向未来的课，能助力学生“学会”“会学”和“爱学”。

好课需要好的学习活动设计和实施。为了找到好的情境素材形成挑战性学习任务，我们进行了高中化学问题情境的创设研究，构建模型，系统梳理了高中化学必修1和必修2所有的内容，结合实际研发了系统化、结构化的情境素材，并有学习活动设计建议，可模仿、可迁移提升。高中“化学精品课程资源建设”的课题，让我们关注到学生从实然到应然的发展空间。教师选择适合的教学策略，帮助学生成为主动的学习者，分析预测、设计方案、动手实践、评价、质疑、表达观点等行为以及适合的思维容量，有利于发展高阶思维能力。

好课要给学生学以致用的机会。好课关注应用性实践，给学生面向真实情境的学以致用的机会。学以致用需关注三个转向：学习内容从孤立、有限转向学科内主题间和跨学科的关联；学习方式从倾听、记忆和模仿练习转向动脑想、动嘴说、动手做、动笔写；学习结果从掌握技能技巧、解题的套路转向获得方法、理解本质、构建思路。这样的学习学生虽然常常遇到困难，但是解决困难的经历和结果，往往能激发学习的动机，想象力得到了发展，增加了解决问题的视角，增进了彼此的理解，特别有助于提高解决复杂的、不确定的、有冲突的真实问题的能力，有利于唤醒每个孩子身上隐藏的智慧和内在的动力。

通过教研创新成就好教师

教师是教育发展的第一资源。从入职到熟练型教师，从骨干到教学名师，是一个不断提升教育情怀、强化职业担当的过程，也是一个不断提升育人能力的过程。教研，如何帮助教师呢？在工作的第三个十年，用项目的方式推动，我围绕“学业标准”“学科能力”“深度学习”“学科教学关键问题”和“教研转型”五个领域，开展群体性教学改进。相对于课题研究，项目以研究为基础，更加重视一线教师的实践，以及对行政和业务的双重推动。

好教师是潜心教育的教师，教研要为教师树立榜样。好教师有理想有信念，潜心工作，向上发展，不会自我设限。好教师能帮学生看到更大的世界，给学生带来行为或思维持久的变化，收获着学生成长以及自我成长的幸福。“十二五”以来，海淀区多次举办名师教学研讨会和成长中的骨干教师教学论坛，名师工作站的教研员一起协同，梳理名师教学成果和育人贡献，特别是将名师成长的关键性经历提炼出来，研讨会后，还将名师的材料课程化，成为全区教师学习的课程模块。

好教师兼具研究者视角，教研要为教师的教学增智。好教师从学生的学习出发，以实践者和研究者的双重身份，在教学实践及其改进中实现师生的共同成长。教研员带领教师们研制海淀区学业标准、基于深度学习进行教学改进、对学科教学关键问题进行提炼和解决，等等，经过研究和教学实践改进，教师获得了可迁移的能力和方法，这样的输出性学习，更能加深理解，建构意义。教师的学习可以概括为输入新理念、新知识、新案例、新经验，这些经历能帮助教师深入理解学科、学生和教学，从知道是什么逐步转向追问为什么，有利于提升创新意识、创新思维，有利于建构起教书育人的新思路、新方法。教研员创造性地设计学科研修必修、限选和任意选修课程，将师生成长与大数据链接，找到关联，充分解读、使用大数据，帮助教师精准地改进教学，这都能给教师的教学增智。

好教师师德高尚、学术精深，能够影响学生的精神世界。好教师在讲台上成长，教学成长是教师成长的重要标志，教研要为教师的成长赋能。一是通过引领赋能：变化已经成为常态，教研回应时代发展，需要通过引领实现赋能，引领教师前瞻性地思考，丰富教学方式，促成学生的理性思考、动手实践，以证据支持假设来帮助学生体会学科本质和学科思想方法，用具有单元学习特征的、长周期的、校内外相结合的实践，突破课时学习的限制，打破课堂学习的边界；二是通过链接赋能，实现课程标准、教育理论、优秀经验与课堂教学的链接，实现当下与未来、单学科与多学科、中国与世界的链接，帮助教师理解学科育人和学生成长的新要求，解决学科核心素养的培养、干预、评价等问题。好教师有着“想干事”“真干事”的勇气，这种使命感和担当精神将成就好教师走向教育家。

创新与坚持是教研探索和领航的基石。教研员应是区域学科首席教师，是教师的教学伙伴，更是探索者和领航者。新时期，教研要持之以恒地倾听学生的声音、解决育人难题，从“舒适区”主动走出来，迎难而上，通过引领、链接、创新赋能，给予教师专业发展的内生动力和外部支撑，提供更加宽松的空间、更充足的阳光和养分，助力师生幸福成长。

（刊发于《中国教育报》2019年4月17日第10版）

人物介绍

罗滨：北京市海淀区教师进修学校校长，博士，正高级教师，化学特级教师，全国优秀教师。国家教材委员会专家委员会委员、国家教师教育课程资源委员会委员、全国中小学教师培训专家组成员、中国教育学会学术委员会副主任、普通高中化学课标组核心成员、北京师范大学教育硕士导师。长期从事教师教育、化学教育、科技创新教育、学校管理等领域教学与研究工作，享受国务院政府特殊津贴。

张振华

“手艺”课程：寻民族文化之根

布老虎、面人、糖人、草编……这是多少代中国人抹不去的童年记忆。令人遗憾的是，目前许多优秀的民间手工艺术正在逐渐消亡。

作为一名具有小学美术教师、民间艺人双重身份的我，从1995年开始以当地民间美术“沛县封侯虎”（布老虎的一种，现为非物质文化遗产）进课堂为突破口，开启了“乡土手工艺术与儿童美术教学相结合的教改实验”。20年来，我尝试在美术课堂上，帮助孩子们树立正确的民族美术文化的审美观和价值观，培养他们热爱家乡、热爱国家、热爱传统文化的情怀。

“手艺”教学的萌芽

1991年，我从徐州师范学校美术班毕业，来到沛县实验小学，成为了一名美术教师。那年我19岁，认真热情，浑身总是有一股使不完的劲儿，可是，我时而也感到困惑和彷徨。

当时我们使用的是人教版试验教材，没有教学参考书。课堂是封闭的，教师只需在黑板上画一画，然后让学生打开课本看一看，在图画簿上做作业，就算完成任务了。

由于地处偏远和经济条件的制约，在农村学校很难实施全面的美术教育，仅有的几节手工课也是形同虚设，大多数是学生坐在教室里画画简笔画，课堂没有生气，孩子们兴趣逐减。我常常思索，如何让自己的美术课堂活跃起来，让每一个孩子喜欢上美术课?

1993年的春天，我代表徐州市参加“江苏省首届青年美术教师教学基本功大赛”。在才艺展示环节，由于从小受家庭的熏陶，我飞针走线，两个小时内缝出了四只憨态可掬的“封侯虎”，最终荣获基本功大赛一等奖。回家后，母亲很高兴，但又不无遗憾地说：“这么好的东西，只可惜许多年都不做了。不知道现在的小孩子是不是还像你小时候那样喜欢。”母亲这句话提醒了我，能否教孩子们制作“封侯虎”呢?

从我国中小学现行教材中可以看到，和民间传统文化相关的课程资源所占的比例非常小，而涉及本地民俗传统文化的课程更少。1994年10月的一天，我给孩子们上民间玩具欣赏课时，特意缝制了一个“封侯虎”，同时让他们也带来自己喜爱的玩具进行交流探讨。孩子们都喜欢我做的“封侯虎”，下课后都好奇地跟着我问这问那。我看到了孩子们对民间艺术的渴求，突发奇想：美术教学方法能不能改革呢?农村儿童美术教学能不能与当地民俗艺术相结合?带着这样的问题，我开始进行探索与研究。

从一本小册子开始的教学改革

1995年3月，我在所带的四年级（2）班开始进行美术教学改革尝试，把“封侯虎”正式引进了课堂。

三年后，“封侯虎”教学扩展到学校整个四年级，在每周五下午的科技活动课上进行动手实践，并成立了学校“封侯虎”兴趣小组，每逢农村举行民俗活动，我就带领兴趣小组的学生前去观看，并和孩子们一起深入农村了解、调查沛县当地民风民俗，收集民间艺术作品。

每周五下午，是孩子们最欢欣鼓舞的日子，他们三五个一组，一把把小小的剪刀，一根根细细的银针，一块块色彩缤纷的布头，一团团五颜六色的丝线，孩子们尽情地发挥他们的想象力，学习制作“封侯虎”。我的美术教学改革悄然开始了。

我也一心一意地琢磨起“封侯虎”来，从造型到规格，从形态到颜色，我经常在节假日拜访民间艺人，还在奶奶和母亲的悉心指导下，反复进行改进。一段时间后，我做出了许多形态各异的“封侯虎”，如“猫卧菊虎”“元宝大象虎”“二龙戏珠虎”等，这些栩栩如生的“封侯虎”相继进入我所带的班级，孩子们欣喜异常地开始创作尝试。

“封侯虎”进课堂，激发了我将乡土民间艺术与美术教学相结合的教改灵感，教学中我改变了以往自己学做“封侯虎”时只依靠口传心授的方式，而是将制作方法、制作样式等内容编写成一本小册子，用自己的工资印了3000份，分发给学生免费使用。

接下来的几年间，这本小册子一直在不断更新内容，加入了更多的“封侯虎”背景资料，让学生通过“封侯虎”背后的故事，体会到民间艺术的博大精深，感受到当地民俗文化的深厚底蕴。我将开放的美术教学与家乡传统文化有机结合起来，给美术教学带来盎然的生机。

开发三级“手艺”课程

2001年，国家开始实行“国家、地方、学校”三级课程管理。我开始思考如何系统开发“封侯虎”校本课程。

“封侯虎”进课堂虽说得到了孩子们的喜爱，但在实践操作过程中我却遇到了种种困难：最初是传统式的“封侯虎”教学与培养创新能力之间的矛盾，随后我们面临的是以教会孩子们制作“封侯虎”为目的，还是以培养孩子们审美艺术能力为目的的价值取向问题。同时，成人的创作经验干扰了孩子们的创新意识等问题也接踵而至。经过一次次实践和论证，我逐渐明白“封侯虎”课程的本质，就是要让孩子们充分参与课程的开发，成为课程开发的主人，使他们能从中体会到“封侯虎”课程的好听、好看、好玩、好用，意在“体验增趣”“实践创生”。

针对以上问题及所教学生的学情，我和孩子们一起在原来编写的小册子的基础上，重新开发出了一套“封侯虎”课程。

我把“封侯虎”课程分三个层次进行规划，从初级、中级到高级，逐步过渡。第一层次的课程是“走进封侯虎”，主要针对小学第一学段学生。第二层次的课程是“学做封侯虎”，主要针对第二学段学生，或者以前学过第一层次课程的学生，目的是学会制作。第三层次的课程是“创造封侯虎”，主要针对第三学段学生，或者以前学过第一、第二层次课程的学生。这样的设计有一个递进关系，能让真正有兴趣的学生持续地学习，进入创作层面。这样的“手艺”课程是针对学生的不同发展需要而设计的。

“走进封侯虎”课程采取分单元学习的模式，共设置了十个单元，教学上注重由浅入深、循序渐进。从最初的“寻虎”到后来的“悟虎”，时时引导儿童乐于观察生活、关注社会。

“学做封侯虎”课程按照模块来设计，共设置六个模块，包括“单头虎”“双头虎”“多头虎”“子母虎”“套虎”“枕虎”等。通过模块设计与菜单体验，让“封侯虎”制作与现代绣花技术整合，培养心灵手巧的学生。

“创造封侯虎”课程指向传承与创新问题，分电脑三维立体设计、动画、微电影、3D打印技术四大主题，让封侯虎“动”起来、“时尚”起来。这样的课程融合新媒体、新技术软件，同时与其他元素整合，进行“封侯虎”的传承与创新，让学生形成初步的创作技术思维方式和技术能力，促进多元智能的发展。

我们还建立了自主学习的互动平台，包括“封侯虎”数字资源库，“封侯虎”课程评价跟踪系统等，为孩子们的学习营造最佳的环境。此外，我们还组建了“封侯虎艺术推展中心”“沛县虎文化田野考察队”“《汉风虎韵》期刊”三大社团，定期向社会充分展示孩子们的成果。

“封侯虎”课程的实施有着独特的价值取向。中国有个成语叫“心灵手巧”，我更愿意说“手巧心灵”，“封侯虎”课程的实际操作过程让孩子“有身体感”。“封侯虎”课程的价值和生命力很大程度上不在于内容，而在于学习的条件和方式。“封侯虎”课程有效地提升了美术学科教学的效率，同时也与美术学科课程形成一个有机整体。在“封侯虎”三级课程实施多年后，2013年1月，“封侯虎”课程获得“全国第一届校本课程设计大赛特等奖”。

让孩子成为有“根”之人

为了便于教师操作，我从语文、数学、音乐、思品、计算机等各科教学的具体操作中寻找共性设计课程，尝试学科打通，进行综合实践。例如，要求孩子们先把自己的布老虎制作过程写下来录入电脑，进行图片编辑、排版，并上传至“振华教育在线”网站，进入“DIY论坛”进行展示、跟帖点评，引导孩子们相互交流，这使孩子们各方面的综合应用能力有了很大提高。

“瞧，在我们四（2）班的教室里，挂满了同学们自己精心缝制的小‘封侯虎’（布老虎），有一只‘封侯虎’还戴了一个花头巾呢……”这是魏伟同学日记中的描述。“正是学做‘封侯虎’，让我深深地爱上了美术课。”学生刘毅这样说。

在我看来，“手艺”是没有断裂的传统文化的“根”。在基础教育阶段，学校完全可以开展“手艺”教育。回顾20余年“手艺”教育的探索，以“封侯虎”进课堂为突破口，从一个班发展到一个年级，再到整个学校，从兴趣小组活动发展到学校校本课程，我一步步蹒跚着、艰难而幸福地走了过来。

2008年由沛县教育局申请，经沛县人民政府批准，为我专门成立了“沛县张振华封侯虎艺术研究所”，我组建了自己的研究团队，为“封侯虎”课程发展研究奠定了良好基础。2013年“封侯虎”课程基地被江苏省教育厅批准为江苏省省级课程基地，2014年12月徐州市教育局又为我成立了“张振华手艺教育名师工作室”。如今，这个研究项目不仅在我所在的学校开展得有声有色，而且又扩展到十多所学校，“封侯虎”手艺课程也逐步成为沛县地区的地方课程。

（刊发于《中国教育报》2016年4月6日第10版）

人物介绍

张振华：江苏省小学美术特级教师，现任江苏省沛县教育局教科所所长兼沛县体育中学副校长。1995年，开始以家传“沛县封侯虎”（布老虎）进课堂为突破口，开启了乡土手工艺术与儿童美术教学相结合的教改实验，曾荣获“全国第一届校本课程设计大赛特等奖”。出版了《封侯虎综合实践活动课程的研究与实践》《封侯虎艺术教育诗篇》等多部著作。2013年，获“江苏省人民政府首届基础教育教学成果奖特等奖”。2014年，获“教育部基础教育国家教学成果奖二等奖”。

第二辑

课堂教学研究

余映潮

什么是课堂教学研究的“硬招”

因为语文教研员的职业身份，我非常关注日常课堂教学研究。我用自己的方法观察着中小学语文教学的世界，同时进行着自己的课堂教学思考与实践。

我认为课堂教学研究有招数，需要讲招数，我称自己教学研究的招数为“硬招”，是因为非常辛苦，需要付出大量时间和精力。很多“硬招”，其实也是“实招”“巧招”，有时甚至可以说是“绝招”。

提炼：从一般感觉升华到认识本质

提炼，是对众多的现象、材料、实例所进行的分析、提取与抽象，它能让我们获得两个方面的真实收获，一是事物的规律，二是事物的精华。提炼，可以让我们对事物由“一般感觉”升华到“认识本质”的层面，从而发现真谛。

说“提炼”是“硬招”，是因为需要耗费非常多的时间与精力，需要执著坚守、千淘万漉与冷静分析。

上世纪80年代，我从自己的数以万计的读书卡片中发现了语文界学术研究的空白——课堂教学艺术研究，于是开启了我的课堂教学艺术的研究之旅。到上世纪90年代，我从数百节听课笔记中提炼出“好课”设计的“30字诀”——教学思路清晰，提问精粹实在，品读细腻深入，学生活动充分，课堂积累丰富。直到我退休，这“30字诀”一直是荆州市初中语文界认可的教学设计与课堂教学的评价标准。

对教学流派优劣得失的提炼

我曾经从教学科研的角度提炼分析了国内影响最大的教学流派的优劣得失：

钱梦龙“三主四式”教学模式是一个以教学理念为框架的教学模式；魏书生“自学六步法”模式是一个以教学步骤为操作细节的教学模式；颜振遥“自学辅导”教学模式是一个着眼课堂教学方法革新的教学模式；张孝纯“大语文教育”模式是一个以宏观构想为特征的教学模式；钟德赣“单元教学”模式是一个以教材处理研究为特征的教学模式。

这些教学模式都立足于教师教学与学生学习行为的改变，非常关注学生的学习过程，有鲜明的教改特色，都曾经产生过深刻的影响。但这几个模式也有突出的弱点：一是体系庞大，有包罗万象的意图。二是操作繁难，很难长期在一线语文教师中进行有效益的实践与普及。三是个性很强，只有体系的构建者才可基本上把握其精髓。四是经典的案例不多，一线的教师难以见到这些名师们大量的有实效、可操作的教学案例。体系的发明者难以用批量的案例支撑自己的学说、观点，直到现在还是这样，所以难以推广，难以坚持，难以形成气候。

2013年8月，全国中语会“语文报杯”课堂教学（长沙）大赛期间，我作了一次关于“教学模式研究”的学术讲座，对人们趋之若鹜的以农村中学教学为特色的教学模式进行了如下提炼与分析——

杜郎口模式：这是一个重点关注学生大量自主学习活动的教学模式。

洋思模式：这是一个严格或者说近乎严酷地要求“落实”的教学及管理的模式。

东庐模式：这是一个用“学案”进行题海训练的教学操作模式。

这三个模式影响很大，在教师的教学方式和学生课堂学习方式以及教学体系编织、管理策略方面，都给人们以深刻的思想启迪。

它们的共同特点是：管理细密，操作简单；嚼透教材，反复训练；处处落实，对准应试。也有重大弱点：第一，长时间地无顾忌地大量消耗学生的课外时间。第二，用单调的带有强制性的反复重现的方法进行教学。第三，教学形式模式化，小组活动模式化，导学案结构模式化，日常管理模式化。

它们引发着我们的思考：为了规范、高雅、高效的课堂，我们需要尽快克服陈旧的或时髦的教学弱点，重点在“10变”上多下功夫：

变“教课文”为“利用课文”，变“轻慢语言”为“着力学用”，变“泛谈感受”为“精读训练”，变“碎问碎答”为“实践活动”，变“思路不清”为“板块思路”，变“读过问过”为“积累丰富”，变“只读不写”为“读写结合”，变“预习过分”为“当堂落实”，变“小组合作”为“班级训练”，变“平俗手法”为“高雅教学”。

这样的提炼与阐释，已经开始影响着中小学语文的课堂教学。

对教学案例的提炼

我花更多时间来“提炼”分析的是教学案例。

我曾用了整整七年的时间，从浩如烟海的教学资料中，提取、评点了100个教学教例，作为专栏文章在《中学语文》杂志上连载，后来结集出版。我所做的教学教例研究，是提炼而不是描述，是发现规律而不是叙说经验，是研究共性而不是欣赏个性。在这100个案例之中，最有科研价值的是上海市特级教师徐振维的《〈白毛女〉选场》教学案例。对这个教例，我以“只提了四个主问题”为标题，进行了如下评点：

此教例出自“大家手笔”，颇有大家风度。

从课堂教学的总体设计看，此为“抓纲拉网式”教学。这堂课的“纲”，就是分析语言、动作与人物的身份、性格之间的关系；这堂课的“网”，就是教者设计的四个“主问题”所涉及的有关知识内容。教者提纲挈领，纲举目张，利用四个问题切切实实地把课文从整体上各有重点地挖掘了四遍，不仅文体教学的特征分明，而且教学容量之大，令人惊叹。

从教者所设计的四个“主问题”看，这节课呈现一种“板块式”的课堂教学结构。每一问题，都引发一次研究、一次讨论、一次点拨。四个主问题形成四个教学的“板块”，结构清晰且逻辑层次分明；每个教学块板集中一个方面的教学内容，既丰富、全面，又显得比较深刻……

从此以后，“板块式”和“主问题”这六个字就开始出现在中学语文教学研究的视野中，这方面的教学设计研究成为我倾力、倾心的研究目标。

所谓“板块式思路”，就是在一节课或一篇课文的教学中，从不同的角度有序地安排几次呈“块”状分布的教学内容或教学活动，即教学的内容、教学的过程都呈板块状分布排列。

它与一般的阅读教学思路的区别在于：一般的阅读教学思路是“线性”的，基本上是一段一段地讲解分析，然后小结课文特点。而“板块式”思路是呈“块状”的。这种块状设计，主要着眼于学生的活动，着眼于能力的训练，以“板块”来整合学习内容，形成教学流程，结构课堂教学。

“板块式思路”不是一种教学方法，而是一种设计，一种安排课堂上学生实践活动的理念与要求。“板块式思路”的研究与运用，其意义在于让课堂教学过程清晰而简明，让教学重点突出且内容丰厚，让学生的实践活动充分深入。

1997年以来，我通过我的教学实例来表现“板块式思路”的魅力，我的200多堂课的设计与教学，几乎都与“板块式思路”有关，它们绝大多数都运用了“板块式思路”的设计手法。目前，我从教学科研中提炼出来的全新教学设计理念“板块式、主问题、诗意手法”已经大面积地影响着中小学语文的课堂教学。

实践：提炼高效课堂的真正规律

实践，就是“上课”，就是进入课堂教学，在课堂教学的实践中提升教学理念，发现教学规律，获得教学经验，增长教学才干。

说“实践”是“硬招”，同样是因为需要耗费非常多的时间与精力，需要应对有用、有效、简明、创新等一系列的技术难题。

我长期从事教研员工作，50岁后才开始学讲中学语文的课，60岁过了才学讲小学语文的课。我登上讲台讲课，一是为了从“板块式、主问题、诗意手法”的角度获得亲身实践过的案例资料，二是为了从自身教学实践中提炼出“高效课堂教学”的真正规律，三是为了实现我的理想与愿望——让科学的大众化的教学设计艺术进入千万个普通语文教师的课堂。

为了教学实践，我连续多年放弃了无数休息的时间。

从1997年11月登上讲台，我用了近20年的时间，上了240多篇课文的公开课，以及作文指导课、读报课、复习备考课等，覆盖了小学、初中、高中三个学段的教学，是具有“海量”特点的课堂教学实践。2015年，语文出版社“国家宣传文化发展专项资金项目”要为一批中小学名师出版教学专著，很有意思的是，我这个中学语文教研员出身的人，出版的竟是《余映潮教语文（小学卷）》，原因很简单，课例多得用不完。

我用十年的时间，结合我的教学实践，写出了《这样教语文——余映潮创新教学设计40篇》和《余映潮语文教学设计技法80讲》。

我的教学实践，对自己有高标准的入“关”训练：

第一关：练研读教材的本领。第二关：利用教学资源设计学生课堂训练活动。第三关：精于语言学用、技能训练和知识渗透的教学。第四关：消灭教学中的一切碎问与碎读。第五关：回避平俗手法，让课堂教学纯净高雅起来。

我的教学实践，有切实的教学重点，那就是“六关注”：

关注学生的语言学用，关注学生的技能训练，关注学生的知识渗透，关注学生的集体活动，关注学生的气质养成，关注教学的时间效益。

我的教学实践，表现出“无提问式教学”的鲜明特点。我明确地指出：

课文不是让语文教师用来“提问”的，也不是让语文教师用来“就课文教课文”的。语文教师课堂教学理念的站位高度应该是：“利用课文”进行教学，“利用课文”的高层境界是建立“课文教学资源”的意识。语文教师的第一教学功夫，是提取课文中的教育教学资源。建立“教学资源”的理念，是语文教师从低端能力向高端能力发展的关键。在善于提炼教学资源的教师的眼中与手中，任何一篇课文都有使用不完的教学资源。

我的教学实践，不仅追求让学生有丰厚的课堂学习收获，也追求让语文教师觉得这样的教学路径易操作、有效果。

近几年，我着力实践的项目是“好课”的设计，提炼出了“好课”设计的基本着眼点：充分有效利用课文，充分设计学生有效活动；关注语言教学，关注技能训练；着力于思路清晰，着力于提问简洁；内容集中深入，学生集体训练；注重细化角度，注重优化方法；让学生真有收获，让学生大有收获；得体地教学，得法地教学；讲求教师素养，讲求教师教学艺术。

目前不少省市建立了“余映潮语文工作室”，我很高兴能用自己丰富的课例与年轻的语文教师们切磋、交流。70岁的我，近几年每年在各地工作室中所讲的课，总量都在160～180节。

这同样是一个“海量”，表现着我对语文教育事业的诗意体会：

“发展”是我们每个人真正的大事。

不同深度的磨炼产生不同高度的水平。

坚持燃烧自己创造的激情，这就是“智慧”。有了这种“智慧”，就能保持追求人生目标的持久性和忍耐性，让自己具备走向成功的坚定意志，让自己赢得创造成果的宝贵时间。

沉浸在自己事业的世界里，就是修炼。

（刊发于《中国教育报》2016年11月9日第9版）

人物介绍

余映潮：特级教师，原湖北省荆州市教科院中学语文教研员，全国中语会学术委员会副主任，全国中语会名师教研中心主任。教育部“国培计划”首批培训专家之一，被誉为“中青年语文教师课堂教学艺术研究的领军人物”。著述丰富，已发表各类教学文章1500余篇，出版了《余映潮阅读教学艺术50讲》等14本专著。创建了全新的“板块式、主问题、诗意手法”阅读教学艺术体系。

姚嗣芳

我的课堂教学追求：接近教育的本质

曾经，为新课改理念激动不已，几场小打小闹的改革实践后，我渐渐感到一种可怕的枯竭，尤其是当我付出所有的努力，仍然看到课堂上有陪坐者、呆坐者时，我真的迷茫了。在我的教育理想中，教育不应是一种技巧的施展，而应是充满人情味的心灵艺术，是信息的多向传递与情感的多元共振。课堂中的生机与精彩，应该是学生心灵之花的绽放和丰富人格的激扬文字。

2009年9月，到广州学习交流让我看到了生本教育课堂改革的成果，我的热情重新被点燃，开始反思我们的惯见课堂：无论多么精美的设计，太拘泥于教材和教学规范，总是从“教”出发，而未必指向“学”，尤其是忽略了唤醒学生生命中的潜能，以一个一个的问题陷阱控制学生对充满感性的文字的触摸，所谓“把学生当作课堂的主体”不过是一句漂亮的口号罢了。我不需要这样的“好课”，我希望在自己的教育生涯中找到新的境界。

主体学堂——寻找失落的本体

取向“生本”的课堂行动：我和同事们对生本教育的理念进行了校本化的演绎，开展了从关注老师“教”转为关注学生“学”的“主体学堂”的研究。

变革的每一个步子都迈得非常艰难。开始我的几次公开课招来了许多议论。不少人觉得，虽然学生的学习热情调动起来了，但我的课似乎丢失了语文的味道。

怎样既能充分发挥学生的主体性，让学生自主地学，又体现语文课的特点呢?

当时的我很困惑，一些好心的朋友也劝我别冒险。就在跌跌撞撞的实践和“摸着石头过河”的探索中，我看到了一线希望，那就是学生的学习热情明显提高了，他们喜欢这种上课方式。于是，我边反思边调整，在教学目标的设定上更加凸显语文的学科特点，并加强对学生课前预习和小组合作学习的指导。我变关注教材为关注课程，变“教案剧”为“规划书”，变教师讲为主体学……学生们越来越呈现出令人可喜的变化，一种“独立先学、小组互学、全班共学、教师导学”的基本教学方式成为我的课堂教学“新常态”。这样的教学形式，从时空上保证了学生的主体地位的落实，利用小组合作学习实现了学生的全面参与，以小群体互动学习的方式数倍甚至十倍地增加学生的表达与表现机会，从而实现学习资源的共享、互补、聚合、放大，使学生终身受用的合作交往能力得到增强，学生真正成了课堂的主人，孩子们发自内心地喜爱语文。我把这样的课堂命名为“主体学堂”，并总结出“个体主动、多向互动、有效活动、状态生动”的外显特征。

国家督学成尚荣老师曾两次深入我的课堂，他认为，用“指点江山、激扬文字”来形容学生们的学习状态一点都不为过。从内容到表达，从遣词造句到写作方法，从段落梳理到篇章布局，学生们细致入微地比照、分析、补充、纠正、拓展……个个跃跃欲试，人人清晰表达自己的见解，绝不是表面的热闹，而是真刀真枪、实实在在。

单元整合教学——取向语文的本质

“主体学堂”让我看到了改革促进学生发展的可能性，让我明白，“学”比“教”更重要。当我送走了这批毕业生后，我静心分析三年的“主体学堂”实践，感觉仍有不少需要完善和深化的问题：第一，教学内容更多的还是教材内容，阅读量不够。第二，学生的辐射阅读基本是在课外进行，不能保证人人落实，且学生的课外负担有所增加。第三，课外阅读的指导不够，特别是经典诵读和整本书的阅读相对较弱。

新接三年级后，我从教学内容入手进行改变，指导实践的理论是“教什么”比“怎么教”更重要。具体路径是走“整合”和“拓展”之路：立足单元主题，整合课程资源，进行全面考虑的单元整体备课、教学，让学生省时高效地学完教材内容，从而挤出时间在课上实现大阅读。

以整组审视的视角去解读教材，对一个单元中零散的教学资源进行分析，在主题、体裁、题材及语言表达特点上寻找到连接点，把单元内相关语文知识联为一条教学线索，融“听说读写”为一体，使单元“字词句段篇”整体运转，然后结合语文课程的年段目标、单元教材内容的共同点以及学生的基础，确定单元的核心目标。这个目标正是单元教学的整合点，是提高学生语文素养的关键性元素。在此基础上，我尝试着通过调序、删除、简化、替换四种方式，重组单元教学内容，并紧紧围绕单元核心目标，适时嵌入三类课外资源——支持性资源、巩固性资源、运用性资源，把那些带规律性的、利于发展学生语文核心素养的语言素材集约在一起用足、用够，形成共振效应，产生“整体大于部分之和”的整体效能。

我改变传统的逐课设计的模式，变为按单元进行整体预设，根据学生的语文学习规律，按照“大单元整体预习、大单元内容整体学习、拓展阅读、单元读写结合、大单元语文综合实践活动”五个教学流程，进行“大单元整体教学”，使整个单元的教学变成由几个“模块”组成却又不可分割的整体。在单元核心目标的统领下，各模块、每个课时的目标也相对集中。在块状结构的教学中，将烦琐的课文分析去掉，将大量无味的朗读去掉，将枯燥无益的语文作业去掉，将对课文人文内涵的过渡挖掘去掉，围绕单元核心目标，实现集中力量精准出击。学生带着探究主题走向文本，老师引导帮助学生去阅读，去比较，去分析，去理解文本，以加深学生对主题内涵的理解和感悟，从而进行有意义的知识建构，真正实践着“用教材”

而非“教教材”的理念。

课堂上容量大、负担轻、效率高，教学过程的开放性，学生之间的互动性，学习内容的多样性，阅读过程充满生机，是大单元整合教学的基本特征。教学之前，我会花大把的时间和精力，围绕主题选择多篇思想文字俱佳的文章或者整本书，为学生的大量阅读提供条件，将学生引向更广的阅读天地。

丰富和完善语文课型——凸显语文实践性特点

“大单元整合教学”实施了一年多后，我再次反思：语文作为一种交际工具，其核心功能在于能够熟练“运用”口头和书面语言参与社会交际，只有不断地运用语言，才能真正地提升语言能力。在逐渐发现自己的语文教学形态单调之后，我决定改变“以阅读为中心”的课程设置，合理压缩“阅读课”的课时数，为语文课程中口头语言、书面语言活动和综合性学习活动腾出足够的空间。

我和同事们一起重新设置了语文课程的内容及各板块内容的课时比例。在压缩单元阅读教学课时的基础上，增加了以下课型：（1）经典积累诵读课（包括朗诵的指导与比赛）；（2）口语交际课（如：每节课五分钟的小主播时间、课本剧表演、演讲课、辩论课）；（3）读书指导课（如：读物推荐课、整本书导读课、读书汇报会）；（4）习作交流展示课；（5）语文综合活动（包括活动指导、小组策划、活动展示等）。丰富的语文课型不仅开阔了学生的视野，更为不同潜能的学生提供了展示的机会，激励性的评价措施让更多的学生体验到学习语文的成就感，他们逐渐懂得了“生活处处有语文”，学习语文的主动性更强了。

从读到写的迁移——还原语文核心素养的提升

随着改革的推进和学生年级的升高，我越来越清醒地认识到：语文教学的本质是言语能力建构。阅读能力转化为语用能力，才是语文教学之本，而两种能力之间，隔着一个心理学名词——迁移。为此，我进一步调整课时结构，“均衡读写”，“理解”和“表达”并重，给足“运用”的过程。

在大单元教学的设计中，我更加聚焦学生语用能力的培养，较多地关注单元教学中的读写联动。在解读单元教材时，我特别重视从单元内各篇教材中去寻找语言表达的规律与方法，发现文本瑰丽景致的关键所在，找到文本最具阅读和习作价值的核心点，寻找单元教学共振点。这个“共振点”，可能是某种表达顺序，可能是某种构段方式，也可能是某种描写方法……在兼顾单元内其他相关目标的同时，侧重从培养学生语用能力的角度确定单元的核心目标，尤其重视引领学生感知、揣摩段落表达方式和文章谋篇布局上的特点，并把学到的相关表达规律及方法迁移到习作中实践，从而不断提高学生的语用能力。

为此，我紧紧围绕各个单元的核心目标精心处理教材，有效整合教材。北师大版教材是围绕单元主题来组合单元内容的，有些表达方法与规律并不是在整个单元的各篇教材中都有体现。很多时候我感觉某篇教材中零零散散的表达方法与技巧，并不足以帮助学生掌握结构化的表达方法。这种情况下，我就会引导学生从本单元的教材阅读拓展开去，对更多嵌入阅读资料进行对比学习、类比学习，从中领悟相应的表达方法，这样更有利于发现语言规律，汲取语言精华。

带着写作中的问题进行阅读教学，教学生阅读的同时，让学生潜心触摸语言文字，一面接受情感熏陶，一面揣摩表达方法，巧妙地把知识训练点融合在文本的感悟之中，让学生经历一个从感受到理解，再到积累、运用的过程，使文本解读与语言训练有机融合，让学生语文学科核心素养不断提升。

走在语文教学探索的路上，求变，让我听到了孩子们成长的拔节声，触碰到了学生个体生命的律动。当然，语文的魅力还在远方。

（刊发于《中国教育报》2016年4月20日第10版）

人物介绍

姚嗣芳：语文特级教师，现任教于成都师范附属小学。先后荣获“全国模范教师”等称号，并获全国“五一劳动奖章”。曾参加多项省级和国家级课题实验，取得了显著的成绩，多次执教全国及省市区级的研究课。出版专著6本，先后撰写200多篇教育教学论文，其中有多篇在全国或省级报刊发表或获奖。

于斌

从课堂细节中寻求教学智慧

我赞成那句名言:“一个人不是一个器具，等待教师去填满；而是一块可以燃烧的煤，有待教师去点燃。”这个点亮的过程就需要教师发挥教学智慧，而这种教学智慧是值得教师终生追求的专业境界。

教学智慧主要从教师的课堂行为彰显出来。它需要教师面临复杂教学情境时，表现出一种悟性和准确的判断力。教学智慧涉及理论层面的问题，更是实践过程中的个体化感悟。在此过程中，教师既是理性的课堂研究者，同时又是感性的注重“现场发挥”的实践者。多年来，在追寻教学智慧的过程中，我将“教学情境的多元创设”“教学技巧的灵活运用”“教学总结的执著坚守”作为自己课堂的三大支撑点。

开局的智慧：教学情境的多元创设

建构主义教学观指出:“学生是自己知识意义的构建者，在认知过程中具有主观能动性。”教师要站在学生的立场上考虑学生的需求，在设计教学流程时，要重点考虑有可能遇到的各方面细节问题。同时，教师应当有意给学生“留白”，激发学生主动探究的积极性，给学生提供展示不同潜能的机会。这样做的效果，远比逼着学生按教师预设的教学思路去学习更实在，更有效。

回到具体的课堂教学上，在我看来，一节课的起始阶段非常重要，正如人们常说的“万事开头难”。如果重视“教学情境的多元创设”，就能使课堂教学的效果增值。

俗话说，“好的开头就等于成功了一半”。课堂起始和导入环节如果设计精妙，教学将有一个可喜的开局。下面就《晨昏诺日朗》一文的教学实践来谈一谈。《晨昏诺日朗》是一篇体现了感性和理性双重美感的课文，文本为我们展现了多元的美。如何挖掘这些多元的美，把握文章丰富的意蕴，使学生在审美的心态下求知呢？我决定从教学情境的创设入手，去调动学生丰富的情感。课堂导语是最佳切入口，我这样设计导语：“瀑布是大自然中一道亮丽的风景，为历代文人墨客所歌咏，李白的《望庐山瀑布》一诗我们最熟悉不过了，这首诗可谓声形并茂，动静结合，既有大胆的想象，又有形象的比喻，把一个惟妙惟肖、雄浑瑰丽的庐山瀑布展现出来，显示了李白‘万里一泻，末势犹壮’的艺术风格。今天，我们跟随赵丽宏一起走向西部，走向九寨沟，走向‘诺日朗瀑布’，领略一下‘诺日朗瀑布’的风采，看看是否与李白的《望庐山瀑布》有异曲同工之妙。”这种情感氛围的设置，给学生创设了一个体悟的情境，不仅能激发学生的求知欲，还能培养学生的想象力与参与意识。虽然这只是个序幕，但却使课堂立刻富有了活力，为本节课的主环节做了铺垫，奠定了使课堂更有深度和张力的情感基础。

不同的文章需要采用不同的情境创设的方法。教师教学智慧的发挥，能让学生在语文课堂上获得宝贵的情感体验与学习方法，同时也能获得美的享受。

课中教学技巧：顺势而为灵活创设

教师如果能巧用技巧，灵活应变，“预设”中有“生成”，课堂教学便可锦上添花。

作为一名老教师，莫泊桑的《项链》不知教过多少遍了，但有一次上课学生的提问给我带来了很大触动。其实课前备课时，我自己也困惑过，小说中男主人公路瓦栽是一个极富立体感的人物形象，为什么很少有人去探讨？备课时我有些矛盾：一方面，我觉得教师在文本解读时，必须有自己的发现——文本中的任何一个人物都是不应忽视的，教师的责任和义务不是告诉学生字面上能看到的东西，而是应当帮助学生去发现文本上的空白点；另一方面又觉得，课堂上时间有限，有许多规定性的教学任务需要完成，这样一个小人物，没有必要交代。

就这样，我在讲与不讲之间徘徊。最后，我决定在下课前再抛出这个问题，将之作为课外探究性作业留给学生去讨论。那天课堂的前半节都在既定的预设中进行，对女主人公玛蒂尔德的分析非常顺利。就在我准备进入下一个教学环节的时候，突然有个同学举手提问：老师，玛蒂尔德丈夫的形象为何只字未提？听了他的话，我不禁窃喜，尽管自己预设的课堂节奏已被打破，但这正是我所期待的。我请这位同学谈谈自己的看法，他说："其一，女主人公叫路瓦栽夫人，路瓦栽这个人物就不能不分析；其二，故事因他而起……"

听了这番慷慨陈词，其他同学开始兴奋地讨论起来。面对这种课堂"意外"，我开始对自己"预设"的教学思路进行调整。于是我临时辟出了讨论的时间，索性采取了辩论赛的方式，将学生分成甲、乙两组，要求学生围绕"多个形象的多面性"这一论题再次剖析文本。学生们讨论热烈，踊跃表达自己的想法。我没有想到课堂生成的这一问题能引起这样深层次的辩论，更没有想到不但学生的探究能追根溯源、有章可循，他们的表述也是有理有据、头头是道……若干个没想到让我非常感慨。这些争辩和分析，不仅展现了学生的学习智慧，还突然让我明白一个道理：所谓教学技巧并不是一成不变的僵化教条，根据课堂情境灵活运用教学智慧，才能成就别样的课堂。这节课正是因为抓住了学生的兴奋点，适时引导点拨，把学生的思维调动了起来，课堂上才碰撞出智慧的火花。

实践证明，教师不能只关注学生的知识与技能，还要关注学生的主体人格与价值观。教师要站在学生的立场换位思考，设身处地去考虑学生的需求。在设计教学流程时，教师完全可以巧设一些"意外"，让有价值的"意外"成为教学资源，引导学生去质疑、探疑和解疑，久而久之，学生就会逐渐养成独立思考的习惯，就会有智慧的火花闪烁。这种课堂的教学效果，远比逼着学生按教师"预设"的教学思路去学习更实在，更有效。

学生学习智慧的充分展现，教师教学智慧的充分发挥，两者互相碰撞才能成就真正精彩的课堂。

坚守课尾三分钟：促进学生思维升华

俗话说："编筐编篓，全在收口。"这收口也是一种教学智慧的体现。如果说课始为序幕，那么课尾自然就是尾声。事实上，在语文课堂教学实践中，很多青年教师缺乏的往往就是对一节课尾声的处理能力，因此经常给人造成一种"头重脚轻"的感觉。

一节课是一个整体，教师应该精心设计每一个环节，不但要重视课始"一石激起千层浪"的效果，讲究课中"跌宕起伏"的动态过程，更要享受课尾创造的"余音绕梁"的味道，让学生带着思考下课，带着美感走出课堂，带着期待迎接下一课的到来。不但如此，一节课最后三分钟的设计，既有加深主旨、画龙点睛的作用，还有发微烛远的好处。那么，如何上好一节课最后的三分钟，让学生的学习取得更上一层楼的效果？在我看来，教师应不失时机地向学生提出一些符合其认知水平、能引起他们思考并同时具有知识性、趣味性的问题，才能促进学生积极思考。

课尾处理得当，能无形中制造一个新的课堂高潮，把学生推向一个新的境界。我在执教《秦晋殽之战》一文时，距下课还有三分钟左右的时间，发现学生紧绷的弦儿有些松弛下来，便趁机抛出了一个有趣的问题：本文作者描写了几个鲜明的人物形象，其中有一个人物在历史上占了一个"第一"，这个人物是谁？话音刚落，同学们便七嘴八舌地讨论起来……看上去只是一个有关人物形象的趣味性十足的问题，实际上却是一个关键问题，关乎整节课教学目标的达成。短短的几分钟讨论，打破了下课前三分钟沉闷、懒散的课堂气氛，再次激起同学们的求知欲望，达到了课虽尽而意无穷的效果。执教《伐檀》一课时，我同样利用课尾两三分钟时间向同学们提出这样一个问题：为什么"县"通"悬"？学生们有的说字形相近，有的说声母相同……为讲清这个问题，我参考了字源上的解说。字源上说"县"乃"首"倒转也，故为"悬"意。这样一来，学生对"县"通"悬"字的理解就更加准确深刻了。没想到这个小小的知识点，竟然极大地调动了学生对“六书”造字法的研究兴趣。可见，只要教师每节课都有意而为之，就不怕学生对学习没有兴趣。

教师并不一定总要扮演全知全能的角色，而应最大限度地激发学生的求知欲，最大限度地留给学生思考论辩的时间。事实上，每位教师在教学过程中都会遇到始料未及的智慧火花，感受到“教学相长”的喜悦，收获“意外”的精彩。我想：一个充满智慧的教师，应充分了解教学对象的知识与智慧，对教学对象要有足够的信任，因为了解和信任，教师才敢于放手、乐于放手。放手也是教师教学智慧的体现。实践证明，这种智慧能使语文课堂更有深度和张力，更富有活力。

（刊发于《中国教育报》2017年5月31日第10版）

人物介绍

于斌：上海市特级教师。现为上海市吴淞中学语文教师，曾先后荣获全国优秀教师、上海市劳动模范、上海市园丁奖等荣誉称号。在教学中努力践行“建构主义”教学思想，在“大语文教学”的课堂创新过程中着力培养学生的学习与思考能力。曾多次参与校本教材的撰写及相关教研课题项目，有多项成果发表。

林乐珍

灵动源于扎实的课堂改革

在实践中萌发对“灵动语文”的追求

初涉教坛，朦胧中有一份憧憬：学生在课堂上神思飞扬、倾情交流是多么的美！寻找、创造这种美成了我最初探索的方向。当我一度力图概括我的追求时，专家的点评、同事的感言、自己的思索叠加在一起，梳理聚焦，四个字从我的心中喷涌而出：灵动语文！

灵动语文的一个重要特点就是“对话”。“阅读教学是学生、教师、文本之间对话的过程。”细细剖析，其中包含三层意思：一是有了“教师与文本的对话”，才会有巧妙创新的课堂教学设计，这是灵动语文的扎实根基。二是“学生与文本的对话”，在这个过程中展开灵活扎实的教学实践，理解、积累和运用祖国语言。三是“师生、生生、人机等之间的对话”，这个过程需要教师依据学情做出机智的应变，由此，教学走向灵动。这就是灵动语文的三重境界，也是灵动语文的策略生成。

多年的语文教学经历，让我对“感悟”二字有着深切体会。感，需要横向实践的积累与探索；悟，需要纵向理论的提升与研究。因为有“悟”，“感”才有了深度，不再盲目；因为有“感”，“悟”才得以诠释，不再苍白。

在对自己教学的梳理中，我越来越深地体会到，教学设计应该基于学习者的学习规律。但怎样“教”才能真正服务于“学”？让孩子成为真正意义上的学习主体，他们才能灵思飞动，灵魂奔放，灵感爆发，灵思喷涌。

在我看来，让学生自己去探究、体验、发现、感悟，教师才会“教”得更理智、更聪明、更艺术、更有价值。

那么，怎样将教材“学习化”？现行的新课程教材为教师留下了较大的二次开发的空间，但这也给阅读学习的茫然无序留下了隐患。如何明确学习内容与学习要求，让教材“学习化”，是灵动语文要面对的重要课题。

怎样支持学生的自主阅读学习？教师的核心任务不是讲课，而是组织学习，特别是促进学生的自主学习。灵动语文，就是希望从便于学生自主学习的角度，在教材“学习化”的基础上，尝试将“教材”变为“学材”。

探索基于“助学稿”的语文学习路径

教材是语文教学的根基之一。我和自己所在团队尝试二次开发教材，以“助学稿”的形式，呈现学习线索，显示学习方法，通过具体学习活动的设计，为学生学习提供支架。为了进一步深化灵动语文，我们进行了多个阶段性、创生性的探索。

探索一：关注目标层级聚焦的“助学稿”设计。

2006年，学校让我负责语文学科教研组的相关教研活动。通过梳理、调研，当时我发现许多老师课标意识淡薄，找不到课文的核心教学内容，于是“关注目标层级聚焦”成为我们研究的重点。

在学习和梳理课程标准的基础上，我们发现，语文的学习目标是“点式”达成的。每一篇课文都是带着某个教学任务进入教材的，不同的课文有不同的教学价值。尽管各篇课文之间不构成连续和递进关系，但每一篇课文都是语文课程目标体系中的一个点，即通过这篇课文完成某一个课程目标，一篇篇课文聚沙成塔，最终达成课程总目标。

我们将语文课标提出的小学语文各年段阅读学习要求进行梳理归类，发现小学语文阅读教学的课程内容主要包括“感悟”“积累”“方法”三大板块，编者将这些内容分解到每一篇课文。据此，我们可以定位不同课文的不同功能。不同课文有了不同的功能定位，也就有了该课文学习的核心内容，这是学习目标的一级聚焦。具体到一篇课文的微观层面，再根据

“工具性与人文性结合点”寻找核心内容与教学重点，进行二级目标聚焦。单独看某一篇课文的学习，也许看不出体系来，但将所有的课所学习的内容加起来，则会有相对完整的理解。有了这样的把握，扎实、有效的教学就成为可能。

探索二：基于学生阅读期待分析的“助学稿”设计。

2008年，随着研究深入，我们发现，通过以上的目标定位，我们基本上能把握一篇课文学生要学的内容是在哪个范围内，但“助学稿”要解决的是学生头脑中“未知”与“已知”的矛盾。

说起学情分析，我们自然会想到学生“原有认知水平”与“认知规律”的分析，而恰恰忽略了最重要的学生“阅读期待的分析”。换言之，学生“原有认知水平的分析”指向“学生现在在哪里”，而“阅读期待的分析”指向“学生要到哪里去”，基于这两者的分析才能最终确定“学生最需要学什么”。在此基础上，分析“学生的认知规律”，才能保证“怎么学更有效”。

这个阶段，“学生阅读期待的分析”成了我们“助学稿”设计的基础，这种回到原点的学习推动灵动语文变得扎实和高效。

探索三：立足课程重构的“助学稿”设计。

2012年，我们的教学成果获浙江省基础教育成果一等奖，经严格遴选，又被确立为首批成果推广应用课题，11所学校参与成果应用活动。这时需要引领更大范围、更多层级的教师的成长。

除了前面两个维度的推广，我还带领一批教师开展立足现有课程重构的“助学稿”设计。我们打破原有的教材排序，从文体、作者甚至学生兴趣出发重组教材，然后设计相关教学。这个维度的研究促使教学从有效向高效再向灵动不断深化发展。

这三个维度的探索，是一个不断发现问题、解决问题的螺旋式上升的过程。这些过程中创生的建设性理解与体验，也铸就了我自己的“思想”。这或许是一线教师得天独厚的优势吧。

这三个维度的探索，也是不同层级教师阶梯成长的过程，我们出版了《基于“助学稿”的小学语文“学习设计”》，又着手编著《教师阶梯成长：小学语文“学习设计”的视角》。

“灵动语文”的根基在于扎实的课堂改革

扎实、灵动，看似矛盾，在语文教学中却可以辩证关联。在我看来，倘若缺少灵动，扎实便如顽石，在无形中筑起一道禁锢创新锐气的壁垒。当然倘若缺少扎实，所谓灵动亦如无源之水，全无生长的根基和流淌的底气。

从教28年来，从钻研课堂到开发教材，再到课程重构，一路走来，逐步摸索出一条将两者合而为一的道路——赋予灵动扎实的根基，赋予扎实灵动的韵律。扎实与灵动兼备的语文教学一直是我心中不变的追寻。

2014年，教育部出台《关于全面深化课程改革落实立德树人根本任务的意见》，其本质精神就是“转变育人模式，促进实践学习”。各省相继出台深化课改指导意见，浙江省教育厅明确提出小学拓展性课程不能少于15%，这是深化课程改革初期的“战略需要”。但如果把它当作具体操作中的“战术需要”，机械地纠结于15%这个数据，就会限制课改的真正意义。

多样化的学习方式离不开扎实的基础性课程课堂变革。如何规范实施基础性课程，让学生学得有意义，并促进学生学习方式的转变始终是课程改革的关键。如何通过拓展性课程的实施，让学生经历多样化的学习方式，反哺基础型课程的实施，然后打通，让学生从被动的学习方式转向主动的学习方式？在我看来，扎实、灵动是深化课程改革的应然追求，又是灵动语文深化的契机。

我和团队基于“学习科学”提出的“学习是基于原有认知的”“知识是有结构的”“学习应该是有深度的”等理论，开始打通学科课程、活动课程，努力构建能整合课内外课程的多元、立体结构的语文课程。我们又新开设了写作微课程、儿童文化微课程等，一个个微课程积点成线，由线成面，让我们的课程更为立体、生动、有效。

（刊发于《中国教育报》2017年10月18日第10版）

人物介绍

林乐珍：浙江省语文特级教师，现任教于温州市籀园小学。“中华版”小学语文教材编委，“浙派名师名校长”项目实践导师。多年来致力于“语境识字”“学习设计”“写作微课程”等方面的研究，其中《基于“助学稿”的小学语文“学习设计”研究》获浙江省人民政府基础教育成果一等奖，已出版专著《感悟：灵动语文》。

曾军良

创造属于学生的课堂

课堂究竟因何而存在？课堂最终属于谁？这是每一位教师都应该回答的问题。我认为，学生是课堂的根、课堂的命，其主体地位应贯穿课堂的开始、课堂的发展、课堂的结束……学生，是课堂存在的全部理由，课堂最终应属于学生。

课堂的核心是学生

“学习”是课堂的核心，课堂应该围绕“学习”这一核心进行。教师要精心策划学习流程，努力推进课堂学习的多样化，创建学习的情景，激发学习的兴趣，丰富学习的方式，拓展学习的时空，发展学生自主学习的能力，激励他们在学习中进步，培养终身学习的习惯与能力。

教师在课堂中的一举一动，都事关学生的学。要凸显学生在课堂上的主人公地位，教师要把握几个关键要素。

（1）不“越权”。学生是学习的主人，教师所能做的，只是引导学生学、帮助学生学，而不是强迫学生学、代替学生学。在备课时，教师应多从学生的视角去看问题，设计好课堂的学习流程。譬如，这样的问题学生会怎样思考？他们已有的学习基础和新知识点之间的连接点在哪里？这种表达方式的奥妙，学生能体会吗？怎样的学习流程能提升学习的兴趣、促进学生的学习？教师如能记住自己“引导者、帮助者”的身份，学生的“课堂主角”一定会当得更好。

（2）守“底线”。学生没有开始学习，教学就不能开始。我们必须警惕学生身处课堂心在别处的现象，我们的责任是把他们的心思引回到学习中来。课堂教学应该如潺潺溪流，不为速度与激情，只是涓涓细流，从容而行。学生是课堂的主角，若主角不参与其中，这样的课堂速度再快，看着再热闹，那也只是教师的课堂、部分学生的课堂、“伪学习”的课堂。教师的底线应是保证学生在学习。为了让每一个学生都成为主角，教师要运用自己的智慧，把学生的注意力牢牢留在课堂上，一旦发现游离者，要舍得停下来，敢于停下来，用眼神、动作、精彩的学习内容、教育智慧与教学艺术把学生“召回来”。

（3）讲“科学”。教师必须怀着清晰的目标、带着深厚的专业知识走进课堂。我们不应迷信顺畅的课堂，学生的成长需要经历从不会到会的过程，从发现问题、暴露问题，到研究问题、解决问题的过程。如果没有勇气经历学习的困难与挑战，也就无法获得学习的品质，更难以享受精神成长的喜悦。

“学生主体”“学习主人”绝不能只是响亮的口号。在课堂教学中，教师应该扮演不可替代的重要角色，但是，永远不能忘记：学习是课堂的核心，课堂最终属于学生。只要记住这一点，就会明白教师应有所为、有所不为。

必须让学生“真正学习”

课堂教学是一个怎样的过程？教师在课堂上究竟要做些什么？我认为，一个教师在课堂上最重要的工作，就是关注学生的真正学习，把学生的所有表现放入自己的眼里，据此来推进学生学习，达成学习目标。教学过程中要关注学生的真正学习，需要在几个关键点上做文章。

（1）面向全体。在课堂教学中，常常出现个别学生主宰课堂的情况，大部分学生被动地看热闹、被边缘化。长此以往，学生会厌学厌校。这样的教学只是教师个人的教，学生的学习只是“个别学”“伪学习”。我们需要思考如何才能激发全体学生的学习信心，要怎样收集信息才能全面地了解各个层次学生的想法，要怎样处理正确、错误或无关的各类信息才能推进下一步的学习。处理好以上问题，真正的学习课堂才会出现。

（2）问题驱动。课堂教学，是为了促进学生的学习；是为了解决学生的真实问题，助推学生的成长；是为了让学生学会做人、学会学习、学会生活，实现学科育人。教师要研究学生的起点，依据教学内容、课程标准、教学目标，找到学生的最近发展区，寻找学生的真问题、有思维含量的问题、激发兴趣与追求的问题，通过问题驱动激发学生的内在动力，并通过多样化的学习方式有趣、有效地解决问题。课堂上要防止假问题，如果假问题充斥课堂，尤其是假问题下形成了假热闹，会严重影响真问题的解决。问题是思维的起点，设计课堂问题的前提是“疑”。从“疑”入手，给学生营造一个适于探究的学习氛围，通过新材料、新情境、新视角设计问题，引导学生在宽松的思维时空中思索、讨论、辨析，从不同角度、不同层面加深对知识的理解，实现认知的重组和思维的创新。

（3）落实到底。在课堂上，教师要注重将教学进行到底。课堂中，教师在讲解问题后，常常问学生“听懂了吗”，学生也往往齐声回答“听懂了”。有些教师真以为学生懂了，便按照教学程序往下走，但要求学生独立去解决这些问题时错误还是很多。教师要将“听懂了吗”转换成“你能通过独立思考尝试解决这些问题吗”。课堂中，教师要高度关注学生是否参与了、是否理解了、是否落实在笔下、是否能独立解决问题。教师还要注意将“落实”向课前、课后延伸。

陪伴学生经历风雨

我走过32年的教育生涯，当过28年一线教师，从走上教育岗位开始，每年都会走进一些比赛的课堂。看到上课的教师激情四射，学生默契到没有一点瑕疵，回答问题是那样的完美，我总是羡慕不已。每一个步骤，每一个环节，每一次对话，就像设定好了一样。但这样的课听多了，我就不由得产生了怀疑：这样的课堂，是否有课前的重要铺垫，是否真的值得我们学习？如果学生没有经历过错误，没有经历过失败，其实课堂并没有给他们留下深刻的印记。错误、失败、正确、成功，都应该让孩子体验，经历风雨才知彩虹的美丽，历经挫折才知坚强的可贵。

（1）积攒教训。学习本身就是一个积攒的过程，不仅是积攒成功，更多的是积攒教训——如果从来没有经历过错误，怎么能够知道什么叫成功？学生需要在错误中改进，在错误中进步，在错误中成长。当老师发现学生读错单词的时候，老师当堂纠正就是对他的最好帮助。当学生对概念的理解发生错误的时候，同学当场矫正就是对他的最大关怀。最好的学习就是充分暴露过程的学习，被老师、同伴指正，然后慢慢地学会。不要为了公开课而让课堂华丽，不要以为一帆风顺的课堂才是好的课堂，让学生走过一些泥泞，他们才能享受真正的成长——那种由学习带来的精神愉悦。

（2）合作学习。每个学生的成长环境都不一样，每个生命个体必然存在较大差异，个性、基础、兴趣、思维能力、学习品质等均表现出不一样的特征，他们的学业也处在不同的层级。学生个体的差异，是教师课堂教学的重要资源。教师要鼓励每一个学生在自己的起点上努力向上攀登。我们应以“有教无类”促进“起点公平”，以“因材施教、循序渐进、差异发展”促进“过程公平”，以“人尽其才、各尽其能”促进“结果公平”，提供尊重差异、尊重个体的教育。以笔者多年的经验，小组合作学习、“兵教兵”是面向全体又促进差异发展的最为有效的方法。由于不同个性的学生，在学习中遇到的问题各有不同，教师的讲解无法针对学生的差异，满足每一个孩子的问题需求，但小组合作学习能调动每一个个体的主动性，让学生将自己的问题暴露出来，并获得个体化的解决，这有利于提升学困生的自信心，提高学困生的学习质量。优秀生在帮助学困生解决问题的同时，不仅收获了友谊，同时也推动了自己的深入思考、多维思考，使自身水平得以拔高。中间生在反思问题中学会借鉴，在倾听讲解中学会增智，开拓了眼界，使能力得以提升。因此，教师要努力推动合作学习的深度发生，只要通过合作学习能解决的问题，教师坚决不讲，而是促进“兵教兵”作用的充分发挥。

（3）聚焦问题。教师要让学生明白，学习是自己的事，老师在前面带路，让学生清楚知道自己要去哪儿，辛苦劳累也要坚持，让学生经历学习的困难，40分钟的有限课堂，能创造无限的精彩。教学内容不能面面俱到，教师带着学生一起打井，不应东挖一下，西挖一下，而应专注一处挖，往下，往下，再往下，直到清澈的水噗噗冒上来！这就是我们的课堂，让学生经历风雨、体验成长。

（刊发于《中国教育报》2018年6月20日第10版）

人物介绍

曾军良：物理特级教师，奥林匹克物理竞赛“金牌教练”，现任北京实验学校教育集团校长兼党委书记。全面经历各类生源、各个学段、各类层次校的教育实践探索，系统提出“魅力教育”新思想。先后多次承担国家课题，曾八次获得国家及省市科研成果一等奖；已出版《爱与智慧的教育》《高效学习方略》《曾军良与魅力教育》等专著。

唐彩斌

教学选择：从矛盾对立走向依存融合

从教25年来，从一线教师到教研员，从教材实验者到教材编写者，从学科教师到学校管理者，无论岗位怎么调转、身份怎么变化，我始终专注于小学数学的实践与研究。我还对国内外30多位数学教育专家进行过访谈，与全国各地的教师朋友广泛交流。对比不同历史时期、不同国家地区的教育理论和实践，我开始越来越深切地感受到，那些看似矛盾的教学对立面，并非一定要作出非此即彼的选择，而是正在走向相互依存的融合。

关注“教师的教”，也关注“学生的学”

曾经很长的一段时间，我在判断一节数学课时，常常优先关注教学内容是否挖得深、教师语言是否幽默、板书设计是否巧妙、课件制作是否精美等，总之在我的关注点中，占主导地位的是教师的表现，而并非学生的成长。教学内容挖得深，源于教师自己对问题理解得深，但或许已经超越了小学生的发展区；教师的流畅表达，只不过是课堂的线，学生即使表述得磕磕绊绊，却是自己的所得，这才是课堂的珠；那些吸引眼球的课件和板书并不是学习真实发生的标识。因此，从某种角度来说，很多时候我们对某些课堂教学的观感和学生实际的获得感并非正向相关。

让我铭记在心的是我自己的一堂公开课。这是一节圆周长的练习课，主要教学目标是引导学生进行圆周长的变式练习，并从中发现规律。上完这节课后，听课教师反响不错，在场的很多专家也给予好评。但是，有一位我多年熟识的师长——来自美国特拉华大学的美籍华人蔡金法教授对我的教学效果有不同的评价视角："课堂的精彩，总是表现在几位表现好的同学在与教师对话，而对于全体学生来说，收获到底怎样？学生解决问题的精彩，很多时候是因为老师之前精彩的预设和铺垫，学生自己是否能独立解答？给学生独立思考问题的时间太短，以至于不能确定孩子们是否思考过。"

课后，他与我的一番恳切交谈，让我还没来得及享受"顺利上完公开课"的轻松，旋即陷入了深思。我立即重新站在"学生发展"的角度来设计这节课，力争"让学生自主经历解决问题的过程，让学生直面问题，让学生静静地慢慢地解决问题"。之后的一次公开教学展示，是在台州临海的一所学校，我努力按照蔡金法教授的思路来重新组织教学，给了孩子们更多的机会和时间，让他们自己理解与消化。新的尝试带来了新的收获，学生真的没有让人失望。在进行课堂教学效果的比较研究之后，我更加懂得：数学教学设计是否有实效，应该以学生是否有真实的发展为依据。

教学中应处理好"小步子"与"大问题"教学的不同，探索"教"与"学"的内在关系。历史告诉我们，任何的改革都是为了达到新的平衡，而不是选择其中的某一面。无论是从理论还是实践层面，都可以形成共识：任何以"教师"为中心或者以"学生"为中心的学说都会有失偏颇。要实现有效教学，离不开教师的教，也离不开学生的学，不要偏向一边，忘了另一边。关注"教师的教"，会强化主导，清晰目标，让教学更加高效；关注"学生的学"，会更加突出主体，促进学生发展，让教学更加有效。

关注双基的扎实，也关注能力的发展

我国著名的数学教育家张奠宙先生曾反复强调，"双基"是中国数学教育的特色，把小学数学基础打扎实，对于每一个学生来说尤其重要。无论我们将经历怎样的教育变革，这一点都应该不动摇。但有些与时俱进的问题需要讨论和研究："双基"的内涵发生了怎样的改变？我们到底期望学生通过怎样的方式达到成绩优异的预期？在PISA（国际学生评估项目）等国际学生测试中，不难发现，我们国家学生的数学成绩总体上看是领先全球的，但同时为此付出的时间和代价也是远远高于其他国家的。

虽然不同学校和不同区域的情况不尽相同，但是从更大的范围来看，越来越多的大数据分析表明，学生的数学基础比较扎实，但能力的发展空间还很大。

2010年，笔者在担任区教研员期间，曾经做过一次区域大调查。全区的2300多名三年级学生参加了一次运算能力测试，在188×6、$824\div4$等三位数与一位数乘除的测试中，通过率高达98.21%，而在进行如$75+125\times3\times4$这样的混合运算中，通过率却只有54.29%。同样，浙江省张天孝老师主持了一项跨越15年的大规模调查，其调查结果显示：对于大部分学生来说，那些基本的、机械的按照程序进行的“低层次的技能”已经达到了比较高的水平，而学生的“合理灵活计算、多种方法解题”等“高层次的能力”还处于比较低的水平。回到现实教学中，大部分教师带领学生平时练得比较多的还是直接计算，练到“脱口而出”，甚至接近“基础过剩”，但是在促进学生能力发展方面却用力不足。

数学课程标准（2011年版）指出了这样的教学基本理念：人人都能获得良好的数学教育，不同的人在数学上得到不同的发展。前一句我们做得不错，后一句还需继续努力。我们不能只满足于学生的基础扎实，还要努力满足不同学生差异化发展的需要，真正让不同的人在数学上得到不同发展。

关注学生的深度学习，也关注技术的深度融合

进入21世纪以来，信息技术给人类的生活和学习带来了前所未有的改变。联合国教科文组织将信息技术与教育融合发展的过程划分为四个阶段：起步、应用、融合、创新。

从1996年开始，我就尝试将计算机技术应用到小学数学教学中，亲历了信息技术与小学数学学科融合发展的不同阶段，深切体会到信息技术给数学教育带来的机遇和挑战。

起初，我参与制作了一些数学教学课件，主要是集图像、声音、动画等为一体的多媒体课件，教学内容直观呈现，比传统课堂更加形象生动，能吸引学生的注意力，提高学生的兴趣。基于“新奇”，师生觉得也不错。但客观地分析，浅层次的应用只是优化了教学手段，黑板变白板，教材变投影，有时使用不当，还削弱了学生原本该有的思考机会和想象空间。这一点在2013年的《中国教育信息化发展报告》中也有提及，教师教学演示的应用也大都停留在直观演示层面，很难有深入对接学科问题的教育软件。

在中国科学院院士张景中的指导下，我接触到数学学科软件“超级画板”。在主持课题的研究过程中，我深切地感受到，绝大部分的一线教师是没有时间制作复杂课件的，大部分教师只希望选择和应用。所以，我们为此创建了方便教师直接使用的课件库。但是坦率地说，要让广大的教师改变自己的工作习惯，用别人的课件，推广难度不容乐观。有时，一个教师磨课多次，才做好一节公开课的课件，就是同一个学校同一个年级的隔壁班都不曾推广使用。由此也不难理解，相对其他行业来说，信息技术对教育行业产生的影响是相对不足甚至是迟缓的。

在新的历史时期，数学教学到底需要怎样的环境？需要怎样标准的装备支持？也许不同教师有不同的选择。我们要相信技术的力量，积极应用新的技术，将技术融合到日常的数学学习中。只有“使用”，才能体会到“作用”。越是深入地使用，才越能体会到技术不仅仅是数学教学的手段，有时也是教学目标所在。我在英国留学期间曾访问南安普顿大学，在数学科学楼访问范良火教授，当我问及在他看来信息技术可以改变什么，他回答说：“改变一切。”这个回答，在信息技术瞬息万变的智能化时代，显得格外有力。

关注国际经验的借鉴，也关注中国经验的输出

作为一位小学数学教师，在过去的工作经历中，我有幸去过英国、日本、芬兰、美国、韩国、墨西哥等国家进行访学或者会议交流。尤其是2011年参加了教育部组织的中小学教师海外高级研修班。在英国访学的半年，丰富了阅历，增长了见识，拓宽了视野，从而让我在一个更为广阔的

背景下思考教育问题和学科建设问题，也更深切地体会到教育全球化背景下经验的双向互动与彼此交融的意义。

过去，我们学习别国经验比较多。早年受苏联教育影响比较多，后来受西方教育影响较大，无论是学制、教法还是教材，都能看到当时世界上教育先进国家的影子。现在不一样了，尤其是近几年，英国决定斥巨资向英格兰8000所小学提供教科书支持和教师培训，以改用中国上海的数学教学法。同时还将建立专业数学教学中心，作为普及“中式教育”的平台。之所以中国上海的经验备受关注，源自经济合作与发展组织主办的PISA，中国上海的学生连续两届（2009，2012）获全球第一。

中国数学教育经验被英国引进，的确是中国数学教育的光荣，理应增强中国数学教师的教学自信和民族自豪感，说明中国数学教育的确是在全世界领先的。由此可以激励我们思考的是：中国上海的数学教育经验可以输出英国，那么中国北京、浙江、江苏等其他地区的数学教育经验是否也可以对外输出呢？在全世界关注中国数学教育经验的时候，我们是否储备了足够的国际型人才以精准地表达中国经验？就小学数学教师群体来说，绝大部分数学教学名师英语都是短板，中国的小学数学经验靠谁来向全世界展示？怎么展示？展示什么？在建设人类命运共同体的全球化背景下，这些教育问题都值得深入探讨。

（刊发于《中国教育报》2019年3月20日第10版）

人物介绍

唐彩斌：现任杭州市时代小学校长，浙江省小学数学特级教师，浙教版新思维小学数学教材副主编，中国教育学会小学教育委员会常务理事。五次获得国家、省基础教育教学成果奖，出版《怎样教好数学——小学数学名家访谈录》《唐彩斌与能力为重的小学数学》等专著十余本，主编学生数学阅读丛书《数学在哪里》12册。

第三辑

学科教学艺术

张宏丽

小学英语教育：愈“慢”愈美丽

行多久方为执著，思多久方为远见？27年来，我在且思且行中褪去青涩，从做教师到做教学校长，再到转型做教研员，在教书—管理—研究的过程中，对话学生，对话自我，对话课堂……不断地对话让我逐步跳出学科，对话教育，从中深刻领悟教育的真谛——教育是慢的、个性的、符合规律的；不断地对话同样让我感受到一种文化，那是一种管理和谐、课堂和谐、师生关系和谐所积淀出的教学研究、教学管理和课堂教学不可或缺的文化。在这种文化的浸润下，我逐步形成了自己的学科教学主张——“慢”教育理念下的小学英语（精品课）“对话教学”。

在我入职的20世纪90年代初，教育质量受到“学业至上”价值取向的影响，教育质量几乎与学生的“学业成就”画等号，并产生了一种违背教育规律的“锦标思维”，表现在必须跑在别人的前面，处处争第一。当人们把好老师与牺牲自己和学生休息时间换得学生的好成绩画等号时，我迷茫了。我潜意识里的好老师应当让学生学得轻松有趣，让学生爱用英语交流，而不单单是加重课业负担，通过题海战术让学生在考试中取得所谓的好成绩。为了让学生喜欢说英语，我把教材里的“王海”“李红”变成了班里同学的名字，把一段段枯燥的对话进行改编，赋予其生活情境或故事情境。我用与学生的真实对话取代了枯燥的词汇句型操练，我用创编排演英语小短剧的方式代替了学期末的口语考试。慢慢地，英语课变成了基于对话的游戏课、表演课、活动课……对话使我的课堂充满欢声笑语，我也逐步形成了“对话教学”的风格。在与学生游戏课堂、互动交流的过程中，我成了一位总能在英语课上带给他们新奇体验的对话伙伴。那时候，虽然没有文本解读、文本再构、课程意识等专有名词，但我知道，在故事情境、生活情境、问题情境、表演情境和任务情境中与学生平等对话，可以让我的课堂教学效果事半功倍。

“对话教学”让课堂活起来

在外人眼里我的课上得“活”。什么是“活”？在反思自己课堂教学和剖析优秀教师课堂教学的过程中，我找到了答案。“活”就是脱离枯燥的文本内容和机械操练，基于生活体验的“随机对话”，就是我们所讲的那不曾预约的精彩的“动态生成”。我意识到了“对话”在课堂教学中的价值，开始尝试基于语言、思维和学习研究的对话教学思考。我从“苏格拉底式对话”中理解“对话教学”，从弗莱德的“对话教育”中理解“对话教学”，从佐藤学的“对话教育论”中理解“对话教学”。他们的观点无不昭示着课堂教学的本质即尊重规律，知识只有在互动的动态过程中才能够不断再生。

不断的学习使我认识到，教育的本质说到底就是倾听与对话。“对话教学”正是一种教师与学生建立精神相遇关系的教学，是师生间心灵与观念上能够互相回应、和谐智慧的教学。“对话教学”是一个师生共同设疑、释疑的课堂，是以任务的达成和问题的解决为核心的课堂。在剖析课例的过程中，我提炼的5E是整个“对话教学”的灵魂：体验（experience）—探究（exploration）—交流（exchange）—拓展（extension）—评价（evaluation）。

体验：在对话中，教师关注学生的生活体验，创设主题情境。学习内容与学生熟悉的生活情境越贴近，学生自觉接纳知识的程度就越高，他们将会跨越语法障碍，在生动活泼的交流中满怀期待甚至是不由自主地进入良好的学习状态，在愉快学习氛围中提升英语素养，促进知识的内化与能力的迁移，从而激活语言的生命力。

探究：在对话中，教学活动聚焦发现探索，英语学科的探索过程其实就是语言的习得过程。在学生自然习得的状态下，教学语言与语言教学融会贯通，所学语言知识之间建立起了自然联系，这种联系在一定程度上加深了学生对语言的意义理解和知识建构，从而给学生留下深刻印象。

交流：在对话中，学生是积极的思考者，师生通过彼此的互动交流来建构知识，学生的话语参与和对话协商必将促成对知识的深刻理解。

拓展：在对话中，语言知识被拓展迁移到丰富的情境中。设计精巧的拓展环节往往与课堂教学的导入首尾呼应，从而使整堂课的流程贯穿于情境之中，正可谓基于情境、在情境中、为了语言的运用与生成。

评价：在对话中，学生在相互认识的同时更好地认识自我，从而实现自主学习，即运用所学语言知识解决实际问题，完成具体任务，发展学生能力，丰富学生情感体验。

在对话中，课堂教学从知识的传授走向知识的建构。学生在对话中所获得的知识经过了人类情感的加温，这样的知识才能深刻地印在学生的头脑中并适时被合理地加以利用。

我发现，在对话与倾听中，课堂教学的速度看似慢了下来，教师略带探究意味的话语速度是慢的，等待学生回答问题的过程是慢的，学生讨论问题的节奏也是慢的。但是，诚如佐藤学所说，教育往往在缓慢的过程中沉淀了一些有价值的东西。

好的教育为什么是“慢”的

2010年我考取了教育部首批骨干教师海外研修项目。六个月的美国行，我不断地走访每一所学校，穿梭于每一间教室，在观察课堂的同时，我对美国教育最深的感触是——教育，就是尊重规律，让孩子自然成长。于是我第一次跳出学科去对话教育并提出了“慢”教育的主张。

好的教育为何是“慢”的?

其一，“慢”教育理念强调教育要尊重学生发展规律，即尊重学生的天性和个性。一方面，教育要顺从自然的法则，发展人的天性。另一方面，教育要尊重和发展学生的个性。每位学生都是独一无二的特殊个体，他们都有不同的生活环境，都具有自己独特的智能因素。教育者当以足够的细致、耐心与充分的教育意识去思考、关注学生的发展，因材施教，分层教学，做教育该做的事情。

其二，教育要尊重人才成长的规律。生命有成长的过程，在这个漫长的成长过程中，孩子有自己的身心发展规律。过度的光照、温度和营养会造成植物畸形生长，孩子的成长不可能像工业发展和经济腾飞那样实现跨越式发展与超越，唯有静心、耐心地等待，适当地关心和关爱，在时间的静流中等待孩子成长。

其三，教育要尊重自身发展的规律。教育是一种价值引导并实现自主建构的过程，是师生共同走过的一段相互寻找发现、彼此增进理解的生命历程。

“对话学习”中实现生命成长

“慢”教育既是一种教育理念，又是一种教育实践。作为教育实践的“慢”教育在课程实施中要充分尊重语言学习的规律。语言是思维的外壳。语言习得要充分考虑到思维认知的层次。从知识的简单回想或执行（提取），到将知识通过综合转变成一种恰当的形式使之存储在长时记忆中（理解），从学习者多次反复思考知识，加以改变并提炼（分析），到在特定的情境中解决一个具体任务的应用过程（知识运用），思维发展的轨迹决定了语言的习得是一个缓慢的过程。“慢”教育理念下的小学英语“对话学习”重视语言学习与思维发展同步进行。只有言为心声的语言学习方能体现英语课程的性质所在，即学生习得用英语与他人交流的能力，进而促进其思维能力的发展。

“对话教学”“对话课程”使“对话学习”成为一种可能。“对话学习”说到底是一种体验式的学习，学生通过亲身参与课本剧的编排等，经历了从语言知识提取到语言知识内化理解，从对剧情、对白、任务的分析到多次在情境中与同学多维对话排练表演，不断体悟语言规律和人文情怀，学生沉浸其中、乐在其中，不知不觉中成为了学习的主体，这正是基于“对话课程”的“对话学习”的目的所在。

细细想来，“慢”教育理念下的小学英语“对话教学”“对话课程”与

“对话学习”为学生搭建了更为广阔的言语空间，生成了更为丰富的语言交流，让学生在丰盈的语言润泽中实现了更好的语言发展和生命成长，正可谓往来之间有乾坤。

（刊发于《中国教育报》2016年2月17日第4版）

人物介绍

张宏丽：特级教师，天津市中小学教育教学研究室教研员，天津市小学外语（课程）教学专业委员会秘书长，教育部基础教育课程教材专家工作委员会成员。先后荣获全国优秀教师、全国优秀园丁、全国优秀外语教师等多项荣誉称号。教学成果入选中国教育报刊社第三届教育改革创新案例。致力于“慢”教育理念下小学英语对话课堂和研训模式的研究，出版专著《“慢”教育，让孩子自然成长》，发表论文20余篇。

窦桂梅

教人语文，莫如以语文教人

不知不觉已经当了30年教师。说来有意思，十年左右当上特级教师，再十年左右做副校长，近十年做校长。反思今日之我与十年前甚至五年前之我已有天壤之别，但对于教育，我始终心怀敬畏，不敢说自己已然能够窥其真谛，但依然坚持一线，不敢离开课堂。

在教师成长的过程中，很多人感叹关键事件对自己成长的助益，对于我而言，这样的关键事件有很多。而其中最难忘的应当是2010年我成为东北师范大学柳海民老师的博士生，从田野走进象牙塔，草根变成研究者，又再度回到田野。今天看来，五年的求学经历改变了我作为一个从一线起步的教师的视野与思路。同样是这一年，我的职业角色由特级教师变为学校校长，由带领语文教师共同成长，变为引领一所学校走向卓越。经验与理性、研究与实践、个人与集体、理想与现实……正是在这种多方矛盾的巨大冲突中，我对于教育有了更新、更深的认识。

语文学科要回归对人的关怀

作为一线教师，我见证了21世纪初至今的十多年语文课程改革的重要历程，实践中发现了语文教学的诸多问题：工具性与人文性割裂，教学内容杂乱松散、缺乏结构性，教学目标不清，教学方式僵化……尤其忽视了对人的完整培养。正是基于这样的认识，20多年前，我在国内率先提出了“主题教学”的主张，试图在课堂教学中，引导儿童抓住“核心语词”，牵一发动全身，带动语文听说读写能力的全面提高，促进学生完整人格的形成。在实践中，40余节研究课在全国引起很大的反响。

当我和柳海民老师说，我的博士论文想做自己研究了几十年的“小学语文主题教学”之后，柳老师认为，将从实践中来的教学研究加以提升总结，非常具有启发意义。但同时他也追问了我一连串的问题：你的“主题教学”研究了近20年，究竟建构了什么？创立了什么？你的“主题教学”核心概念是什么？本质是什么？特征是什么？是否运用“主题教学”在教学效果上有什么区别？

我所提出的“主题教学”，缘起于对语文教学现状的反思，研究的主要方法是“拿课堂说话”。但从研究者的视角而言，须关注其内涵界定是否清晰、其体系构建是否完善、其推广延伸是否可行……特别是关于语文学科的本质思考，很多时候陷在课堂里，容易见树木不见森林。

语文学科，说到底是培养“人”的途径之一，缺失了对于人的关怀的语文课程势必是苍白的，甚至是可怕的。但是语文对于人的关怀又不应当是生硬的、教条的、脱离语言学习材料独立存在的，应当让学生在母语文化的滋养下，自然而然地获得多方面的发展，成为完整的人。

基于上述思考，我与团队在原有实践研究的基础上，逐渐明确了小学语文“主题教学”以“语文立人”为核心思想，针对小学语文教学的现实困境，根据教学内容和儿童身心发展特点，从文化的高度、培养完整人的哲学角度，坚持以儿童的生命价值为取向，在综合思维指引下，整合多种资源，挖掘教学内容的原生价值，生发教学价值。在语言文字的理解与运用中，引导儿童形成主题意义群，促进儿童语言发展、思维发展、精神丰富，整体提升语文素养与培育价值观，进而逐步形成促进儿童核心素养发展的理论主张与实践模式。

课程整合应以核心素养为“魂”

当上校长后，每天走在清华园里，很少有人再来单独问我：这节语文课该怎么教？更多的声音是这样的：学校的办学理念和办学定位究竟是什么？学校在哪些方面应当改进？孩子在学校中怎么获得更好的发展？

作为校长的这些年，每学期我都和中层干部们到各个年级去分头蹲点听课，在每个班级中和孩子们一起生活一天。近距离的教育观察，让我发现了更多的问题。每门学科都在无限制地强调自己学科的重要性：语文是母语学科，数学是自然学科的王冠，体育能打下健康的底子，艺术能修炼人的气质，然而还有英语、科学、综合实践等那么多门学科，当这一切全都强加在孩子幼小的肩膀上，全都要求儿童同等对待的时候，势必造成学生负担过重。同时，学科间，教学内容重复，一年级的《咏鹅》、六年级的《长江之歌》等内容会在语文、音乐等课程中反复出现，学生为教材陪跑，兴趣消失殆尽。而且，还有太多我们成人认为重要的东西，比如法制、禁毒、防艾等相关内容，以及地方课程和校本课程，想要挤进已不堪重负的学校课程。

任何一门学科都是诸多育人途径中的一条。在每一门学科教学都愈加专业化的背景下，我们不能培养很多具有专业化背景的野蛮人。如果学校没有办学理念及办学目标的正确导向，没有整体育人氛围的营造，没有学科课程体系的建构，课堂教学所能发挥的作用是极其有限的。就目前我国基础教育的课程构建来讲，课程不是少了，而是其间缺少衔接，特别是很多一线教师在操作的过程中只盯着眼前的一亩三分地，没能够为学生未来持续的发展奠基。在学校整体课程构建的过程中，不能再做加法，而要想办法做减法和除法，应该调整结构，于是就产生了优化整合国家基础性课程，以及学校个性化发展的特色性课程的“1+X课程”。

如何打破原有的各个学科教学中的线性操作方式，将相关知识、能力等组成一个有联系、有逻辑、有层次的系统，并形成适合学生发展、满足学生需要的主题课程？具体而言有三种整合方式。

学科内的渗透式整合：以某一主题为中心，充分发挥学科自身的独特属性与优势，适当融入其他学科元素，以更好地助力儿童学科素养的提高。

学科间的消弭式整合：以某一主题为中心，将两门或两门以上不同学科的概念、内容和活动等整合在一起，为研究同一主题或解决同一问题，提供不同学科的思想和方法。

跨学科的融合式整合：围绕同一主题，超越学科边界，寻找解决问题的多种途径，通过实践体验、系列研究等方式开展系列课程活动，如戏剧、应用创新等。

整合的依据指向关键能力和必备品格。以清华附小为例，在课程整合之初，学校就初步拟定了“清华附小学生发展五大核心素养”：身心健康、善于学习、审美雅趣、学会改变、天下情怀。“五大核心素养”使学校的课程改革更加有“魂”，更加有“根”，以此为依据进行的课程整合，实现学科内外的融合、统整的化学变化，进而打破学科过细、过深的碎片式教学现状。

人才的专业化培养更需强化价值观引领

古人说君子有三立：立德、立言、立功。因而，“从小拥有理想与抱负、意志与品质、实践与行动”构成了清华学子成志教育的内涵。

迎接未来的最好办法是把激情与思想奉献给当下。今天的教育在培养专业化人才方面渐行渐远，中学课程大学化，小学课程中学化，尽管应试教育的窠臼已有所打破，但很多学校和家长对于学生学业成绩的看重，仍然优先于对学生思想、道德、心理等非智力因素的看重。这样的教育培养了很多精致的利己主义者。未来是一个怎样的世界，取决于今天我们培育怎样的儿童。这样的教育如果不加以改变，对于我们的国家和民族而言，将是可怕的。

国家提出的社会主义核心价值观，就是在试图解决这样的问题。对于一所学校而言，究竟该培育怎样的人才，怎样用一句提纲挈领的话语表达其最深挚的教育理想？在历史和现实的交汇处，我们找到了“成志”这个根源。

成志教育要“承志”，传承中华民族优秀文化传统，让儿童增强民族自信心和自豪感。成志教育要“立志”，把人生最重要的志向同祖国和人民联系在一起，成为祖国的栋梁。成志教育要“弘志”，弘扬和践行社会主义核心价值观，让儿童学会“微笑、感谢、赞美”，养成“言行得体、协商互让、诚实守信、自律自强、勇于担当、尊重感恩”等道德修养，努力成为未来的榜样，引领社会和时代。

承前利于启后，审视方能前瞻。回望30年的教师生涯，尽管成就与遗憾并存，但所幸自己年届天命，仍有研究的热情与成长的动力。愿以有生之年，继续为中国基础教育改革贡献微薄之力。

（刊发于《中国教育报》2016年3月9日第10版）

人物介绍

窦桂梅：清华大学附属小学校长，全国著名特级教师，教授，博士生导师。教育部教材审定专家委员会委员；东北师范大学、北京教育学院兼职教授；清华大学教育研究院基础教育研究所副所长。获得“全国模范教师”“全国师德先进个人”等荣誉称号。研究并实践的主题教学获得首届基础教育国家级教学成果奖一等奖，带领学校团队探索的成果《成志教育：小学立德树人的校本实践》获得第二届基础教育国家级教学成果奖一等奖；获全国第四届教育改革创新杰出校长奖。出版《小学语文主题教学研究》《窦桂梅与主题教学》《超越·主题·整合——窦桂梅教学思想探索》等十余部专著。

程翔

深究学理讲语文

我站在三尺讲台已有35年，这是不断反思、不断成长的35年。回顾自己走过的道路，我有过缺乏学理的语文教学经历，仅凭热情，根据好恶、感觉和经验教学，教学缺少理论修养。比如，对教师和学生的任务分不清楚，常有教师越俎代庖的行为；教学实施缺乏逻辑起点，确定教学目标时不知功能定位；面对学生提问，有时不能给出满意的解答；面对专家质疑，经常感到底气不足。后来，我走上探索学理观照下的语文教学之路，教有所依，讲有所据，练有所控。从缺乏学理到拥有学理，这是我35年教学生涯中质的变化。下面我谈两点体会。

从“表现自我”到“隐藏自我”

刚参加工作时，我喜欢表现自己，总想让学生佩服我。那时的我总觉得教师应该成为权威，应该表现自己的才华，让学生对我崇拜得五体投地。于是，我的专业成长出发点就是树立自己的威信。比如，我教的第一篇课文是《荷塘月色》，第一个教学环节是朗读课文。谁来朗读？当然是我了。我喜欢朗读，得过奖，常以此为荣。我朗读完，学生鼓掌，我洋洋得意。在很长一段时间内，我就陶醉在学生的赞叹和掌声之中，不懂得教师是干什么的。后来，我明白了，我读得再好，学生不会读，教学是无效的。于是，我就把第一个环节改成学生读课文。学生读得不理想，字音都读错了，不要紧，正好给他纠正。学生实在不会读，我才示范一下。

我发现，只要教师引导得法，学生的提高是很快的。比如《谁是最可爱的人》中有一句“把敌人抱住，让身上的火，也把占领阵地的敌人烧死”。学生读不出对敌人仇恨的味道来，我就启发学生，发音时“咬牙切齿”，让“烧”字的字音从牙缝里发出。学生马上就明白了，咬着牙读，效果好多了。我体会到，教师不要炫耀自己，而是要让学生锻炼。学生出错不可怕，学生的错误，是教师教学的起点和依据。我教《在马克思墓前的讲话》，先让学生读课文，读完后我对学生说：“喜欢这篇课文的举手。”不料只有三五个学生举手，我叫一个不喜欢的学生说说理由，他说了一大堆理由。学生不喜欢，这怎么教呀？于是我重新调整教学计划，先让学生喜欢。两节课结束后，我又对学生说：“喜欢这篇课文的举手。”不料学生都把手举起来了。我在这两节课上的作用集中体现在引导学生从不喜欢这篇课文变为喜欢这篇课文。

现在，我明确反对教师在课堂上唱独角戏的做法，并对教师挖空心思树立威信的做法十分反感。我现在认为，教师的天职在于促进学生的发展和提高，在让学生得到发展提高的同时，自己也得到发展提高。教学的出发点和归宿就是学生的发展提高。我体会到，教师要善于隐藏自己，把课堂还给学生；只要学生能独立完成的事情，教师就不要替代。语文课上，听、说、读、写之行为，都应以学生为主体，教师的任务在于引导和点拨。教师挖空心思树立自己的威信，让学生崇拜自己的做法不可取。教师要牢固树立两个基本理念：1.教是为了达到不需要教；2.消除学生的崇拜心理。学生有崇拜心理是教育的失败。教育就是培育学生心中的太阳，学生用温暖的阳光照亮他人，照亮世界。教育要培养学生三个不迷信：不迷信教师，不迷信课本，不迷信名人和权威。教育要培养学生三个不可怕：考分落后不可怕，但要努力学习；家境贫寒不可怕，但要有志气；长相丑陋不可怕，但要有一技之长。教育还要培养学生三个可怕：心理变态是可怕的，精神麻木是可怕的，灵魂堕落是可怕的。教师有三个不能超越：学生的生命健康不能超越，学生的人格尊严不能超越，学生的个性差异不能超越。教师要防止过度教育，警惕教育异化。

教师专业发展永远在路上

我教中学语文35年了，对语文课本可谓熟稔于心，甚至可以将课文背诵下来。我觉得自己对课文的理解已经很到位了，不必再花精力了。有了这样的自负心理，就容易出问题。有一次，我在海淀敬德书院听北大楼宇烈先生的报告，楼先生提到了《祝福》这篇小说。他说，这篇小说涉及礼教问题，中学语文教师如果不能全面认识礼教，就会给学生留下一个印象：礼教吃人。其实，礼教还有一个功能：育人。我很震惊，当时就站起来请教楼先生应该怎么处理。事后，我查阅了有关礼教的文献资料，特别是程朱理学的内容。我发现，多年来，我对礼教，特别是程朱理学知道得太少了。过去我教《祝福》，自以为阅读了很多资料，比如《中学课本鲁迅小说汇释》《中学语文课本鲁迅作品详解》《中学鲁迅作品助读》《中学语文教材中的鲁迅作品解读》，还有《解读语文》《名作细读》《语文经典重读》等著作。这些著作的作者多为国内名家，我以为有了这些做参考，应该没有问题了。想不到楼先生的一席话提醒了我：我对礼教本身究竟了解多少？我对程朱理学究竟了解多少？很可怜，我知之甚少。多年来，围绕《祝福》这篇课文，我读的只是一些外围资料，并没有深入到内里之中。要批判礼教，你就要全面了解礼教是怎么回事；要想批判程朱理学，你必须知道程朱理学是怎么回事。一位作家说过："你没有接近过它，你便没有权利轻视它。"反思自己，多年来人云亦云，拾人牙慧，这不就是误人子弟吗？我羞愧赧颜。于是，我开始阅读程朱理学，开始全面了解礼教。至今我也不敢说已经全面了解了，我仍然在学习中。但我可以说我现在教《祝福》跟以前不同了。我知道鲁迅的创作用意与礼教本身不完全是一回事，程朱理学是否定不了的。鲁迅的伟大在于他看到了礼教有吃人的一面（清代思想家戴震早就指出了），他以小说来参与社会变革，推动社会发展，必然带有创作上的主观意图。如果把沈从文的《边城》与鲁迅的《祝福》做一对比，我们就会发现，无论是茶峒，还是鲁镇，都有美与丑的存在，都有善良的百姓，也都有愚昧的百姓。沈从文放大了美的一面，缩小了丑的一面，所以在茶峒，即便妓女都比京城的纯朴；鲁迅放大了丑的一面，缩小了美的一面，所以即便善女柳妈也让读者讨厌。这就是文学，会打上作家的主观印迹。这不是作家的失误，但作为读者一定要警惕，要善于发现作者的创作意图，并将创作意图与客观实际区别开来。这是语文教师必备的专业功底。

语文教师的专业功底还表现在对学理的掌握上。过去，我对“语文学科素养”这个概念缺乏深入了解，总是在语文能力上做文章。其实，素养与能力之间体现了“感性—知性—理性”的认识过程。比如，是否懂得隐喻，往往是区别专业读者与非专业读者的分水岭。对隐喻的掌握必须经过“感性—知性—理性”的接受过程。非专业读者阅读文学作品，往往读什么就相信什么，走进去就出不来，以至于有的读者阅读《红楼梦》，心血崩溃，气绝身亡；有的读者阅读《少年维特之烦恼》，就模仿作品中的人物去自杀。这都是非专业读者的表现。非专业读者最突出的毛病是“悖体阅读”，即不能遵照文体规律来阅读和理解。阅读学专家曾祥芹先生指出：“所谓‘悖体阅读’，是违背文体特性和文体思维法则的阴差阳错的阅读。”曾先生以《论语》解读为例，批评了那种将《论语》作为纯文学作品来阅读的做法，指出“具有文学价值”和“文学作品”毕竟不同，“事料的真实”与“意旨的鲜明”是体现《论语》文体特性的关键，只有将《论语》作为“学术文章”来阅读才是“适体阅读”。语文教师应该是专业读者。语文教师要有一双语文的眼睛，敏锐捕捉语文的因素，尤其要善于从文本表现形式上提取语文的学养，确定文本的语文功能，培养学生的“语文学科素养”。语文命题者应是高级专业读者，更要善于借助文本的表现形式切入文本，引导学生准确把握文本的特质，从而在“语文学科素养”上得到理想的区分度。但从现实来看，这一目标的实现还显得很遥远。新的语文课程标准提出“学科核心素养”这个概念，意义重大。它指明了语文教师专业发展的方向，指明了语文教学努力的目标，明确了语文命题考试向度的边界。这些，都需要教师不断地学习。

学语文，不仅仅是接受，还要批判。语文教师要培养学生有批判性阅读的能力。做到这一点就更不容易。什么是批判性阅读能力呢？我认为它包括以下内容：1.判定版本质量的能力；2.区分事实和观点的能力；3.鉴定作者资格的能力；4.指出作者偏见的能力；5.了解信息传播途径及可信程度的能力；6.辨别原始资料和二手资料的能力；7.发现文本语言问题和逻辑漏洞的能力。

要想当一名优秀的语文教师，必须活一生学一生。那种自以为读书很多的自满自负心理千万要不得，那种被所读之书遮蔽了视野的井底之蛙更是做不得。语文教师不仅仅教课文，还要超越课文，超越教材，在育人这个更高的层面上去启发引导学生，去启蒙学生。要想达到这个高度，就必须不断学习。教学无止境，教师的专业成长永远在路上。

（刊发于《中国教育报》2017年5月10日第12版）

人物介绍

程翔：语文特级教师，国家“万人计划”教学名师，曾任北京市一零一中学副校长。受聘为教育部“国培计划”首批专家、教育部教师教育课程资源专家委员会委员、人民教育出版社教材编写委员、北京大学语文教育研究所兼职研究员。任全国中语会学术委员会副主任、当代语文教学专业委员会副理事长、全国中学校园文学研究会副理事长、全国创新人才教育研究会常务理事。先后在《中学语文教学》《语文建设》《教育研究》《文学遗产》《课程·教材·教法》等杂志发表论文多篇，著作十余部。

张希彬

实验教学也可以"有思想"

我1984年毕业于天津师范专科学校化学系，1999年在天津师范大学专接本，在静海一中一干就是28年，2012年调到天津静海区教师进修学校工作。从教30多年来，我的体会是当教师的想法不能摇摆不定，不然几年就把年轻的锐气磨掉了。本专业的学习不要放松，专业是发展的"本钱"，特别是高中知识与大学知识的衔接要清楚，这会使你游刃有余地处理教材和课程标准、处理高考的任何问题，从而赢得学生和家长的信任。

避短扬长，经验提炼形成教学思想

我知道自己的表达、感染能力不强。上世纪90年代，我参加天津市区县、学校的各类课堂竞赛，均被淘汰。经过苦苦的思考，我明白了——只有抓住化学学科最核心的东西，才能挖掘自身的潜能。经过我的化学实验启蒙老师——静海一中李东平老师和天津师范大学生化学院李平副教授的指点帮助，最后我确定以"高中化学实验的研究与实践"为自己今后研究的方向。现在看来，这一方向避开了我的弱点，影响了我的一生，它让我一步一个台阶地进步。

连续教了六年高三毕业班后，我开始思考，如何将"经验型教学"转化为提炼规律的"理论型教学"。从上世纪90年代初开始，我就自费订阅有影响的中学化学方面的杂志，学到了很多经验，到现在已形成阅读这些杂志的习惯。但我也发现，这样学习知识不系统，难以形成自己的教育教学思想。天津市中学化学骨干班的学习及为期三年的“天津市未来教育家奠基工程”的培训和到国外研修的经历，使我加深了对教育教学规律的理解，最后把“科学素养的培养”作为自己教育教学思想的核心。

此后，我的教学工作都围绕着这个核心展开，从来没有偏离过。

教学思想物化，提升理念的可操作性

我发现，高中课程标准中提出了科学素养培养的概念，但没有明确科学素养培养的内容及培养的方法。我通过查阅国内外关于科学素养培养的经验报道，与我国高中生的特点相结合，确定了科学素养培养的指标，并把这些指标与中学化学实验相联系。但由于农村地区实验条件较差，很多教材上的实验不能做。我探索了高中教材中的每一个实验，找出了实验成功的关键点，简化了实验步骤。

探究能力培养是化学学科的核心素养。高中课程标准和人教版教材中对科学探究的概念和程序没有一个总的引领，没有过程的举例，我采用“化学实验科学探究模板”的方法来解决以上问题，将高中教材所有探究实验及部分验证性实验改为模板样式的探究实验。这样做既落实了课程标准，又方便了教学。

为使教学思想落到实处，我分四个阶段推进：

第一阶段主要工作是改进人教版新、老教材的实验100多个、学生实验20多个，将一些实验微型化、替代化、兴趣化、系列化，使实验更加安全、科学、快捷、方便。这一时期我参加全国、全市的化学实验经验交流会议比较多，向同行们介绍自己的做法，也学到了很多东西，五项成果获中国教育学会化学教学专业委员会一等奖。

第二阶段主要工作是研究科学素养培养与化学教学的关系，我查阅了《教育研究》《化学教育》《化学教学》《中学化学教学参考》《中学化学教与学》等杂志及美国、英国、德国、日本教科书，到加拿大、澳大利亚进行研修，结合国内高中生的特点确定科学素养的培养指标，并把这些指标应用到自己的课堂教学中。这一时期我研究了科学素养与三维目标、课堂教学模式、学案导学、课堂类型之间的关系，形成了系列课堂案例，将科学素养培养指标应用到学生化学实验学习、元素化合物学习、化学原理学习、有机化学学习、化学学习与评价中去。

第三阶段主要工作是从事“科学探究教学模版”的研究与实践，我用该教学模版改进了人教版新教材中的探究实验和演示实验30多个。我与静海一中的同行们应用该模板参加全市、全国的课堂展示活动。

第四阶段主要工作是从事专著《科学素养培养在高中化学教学中的实践研究》的撰写，现已出版发行。这一时期我和全国、全市的同行交流科学素养培养体会，得到了大家的认可。2015年12月26日，我的研究成果获中国教育报“第四届全国教育改革创新典型案例推选活动”创新奖。

加强教师成长研究，提升教育境界

到进修学校工作后，我的研究视角发生了变化，由研究学生、教材、教师管理转到研究校长、教师的成长特点，这使我充分感觉到对教育教学规律的尊重和敬畏是多么重要，办一个为教师发展搭台、为学校发展助力、打造教师成长精神家园的进修学校是多么的必要。我也发现了自己知识的欠缺，阅读了大量人物传记和经典著作，如《温家宝谈教育》《曲钦岳教育文选》《重读张伯苓》《陶行知教育文选》《资治通鉴》等书籍，对教育的本质有了进一步的理解。从自然辩证法、教育哲学、教育行政、心理学、教育学、教学论、课程标准、教材的角度看待学校管理、课堂教学方面的问题，顿时豁然开朗。

工作30多年来，我的体会是，教师的成长不是轰轰烈烈而是默默无闻的，鲜花少责难多；学生的学习成绩伴随着教师的成熟而提高，伴随着教师的优秀而优秀；作为教师，对待各类学生要一视同仁，因为学生当时生活条件的好坏、学习成绩的优良不一定决定他们今后的发展，教师的德行、对学生做人做事的引领才会影响学生的一生。

（刊发于《中国教育报》2016年6月1日第10版）

人物介绍

张希彬：天津市特级教师、天津市教科院基础教育研究所兼职研究员、天津市静海区教师进修学校校长、天津市未来教育家奠基工程首批学员；两项研究课题获国家级、市级一等奖，五项实验创新成果获中国教育学会化学教学专业委员会一等奖；出版专著《科学素养培养在高中化学教学中的实践研究》。

刘同军

引领学生感受数学的美

我的教学观：要让学生亲身感受数学的美丽和热情

本学期期中考试前，八年级数学的最后一节新课是《简单的图案设计》。该课的主要内容是欣赏一幅由三种不同颜色组成的类似蜥蜴的“爬虫”图案，并分析这个图案的形成过程。图案很精美但看上去却很复杂，除了课本上的解答，似乎看不出更多有价值的东西，因此一些教师采取的办法就是让学生自学——反正考试不会考这类内容，让学生看看书一带而过就可以了。我却心有不甘，虽然这个内容已教过多遍，但总觉得对这个图案没能理解透彻。于是我在备课时，借助几何画板再次反复推敲，果然又有了新的发现。我用了几天时间把基本图案的特征以及基本图案经过平移、旋转形成整幅图案的过程分析清楚，设计成了可分步探究的数学活动，并制作了供学生探究的课件。

实际教学时，学生写在脸上的惊喜伴随了他们探究的全过程，学生纷纷表示，如此巧夺天工的图案，其设计却只用到了几个简单的几何图形变换，数学真是太神奇了！还有的学生说，经过这次探究活动，再看这幅图时，感觉没那么复杂了。

探究还从课上延伸到了课下，有的学生尝试自己设计类似的图案，有的学生通过搜索引擎搜索到了一些类似的图案，还找到了该图案的作者埃舍尔。在埃舍尔更多的精美画作中，又发现了大量诸如“水往高处流”等有趣却违背常理的画面，于是一个新的数学概念“悖论”又进入了这些初二学生的探究视野……

课本上一个本可以不讲的例题，却引发了如此多的探究性学习，生成了如此多的资源，这就是我想要的数学教学。在我看来，备课的要点是理解，理解内容、理解学生；备课的价值是设计优质的适合学生的学习活动；教学的要义是启发诱导而不是包办。好的数学教学就是要引导学生用数学的眼光观察世界，用数学的方法欣赏世界，用数学的思维理解世界，用数学的语言表达世界。好的教学既是课程的实施也是资源的创生，是解决了一个问题又引发出更多新问题的过程。

数学是人类文化的重要组成部分，是描述自然规律和社会规律的有效工具。科学巨子伽利略说，大自然这本神奇的书是用数学语言写成的。然而，在现实中，许多人害怕数学，认为数学难学、枯燥、刻板，数学的抽象和严谨让人难以亲近。于是，数学教学的价值就体现在，把难学的学术形态的数学变成易学的教育形态的数学，把枯燥的、刻板的数学变成生动的、活泼的数学，把抽象的数学变成直观的易于理解的数学，把让人难以亲近的数学变成平易近人的数学。

其实，数学是自然的，问题解决的过程是有情节的，是生动的，甚至是牵动情绪的。比如，“白日登山望烽火，黄昏饮马傍交河”这两句诗可以这样设疑：每日黄昏，将军从烽火台出发，到河边饮马后回到河岸同侧的营地，怎样走最近？著名的“将军饮马”问题就在这样的情境中自然出现了。面对问题百思不得其解时，学生感受到了问题的深度；当找到解决问题的关键点时，学生感受到了“对称”的力量：对称不仅是美学的一个重要理念，还是转化思想的实际载体；当终于找到答案时，学生发现“将军饮马”问题的本质简单到只需八个字就能概括：两点之间线段最短。当把数学方法多次应用到不同情境时，学生体悟到了数学模型的价值，看到了数学思想的光芒。

学习数学不只是做题，还要用数学解决问题。好的数学教学不是技巧的集合，也不是套路的集合，而是用数学思维解决问题的过程，是人类文化和智慧的传承。

“如何让你遇见我，在我最美丽的时刻……当你走近，请你细听，那颤抖的叶，是我等待的热情。”数学教学就是要让学生感受到数学的美丽和热情，发现数学的价值，并积极投入到问题解决中，锻炼思维、发展智慧。这就是我的数学教学观。

数学活动：探究活动更值得花时间

2001年暑假，在课程专家云鹏老师的悉心指导下，在义务教育课程标准全省培训班上，我执教了一节数学活动课《奇妙的雪花曲线》，受到现场教师的一致好评，从那时起我开始关注数学活动课。2008年前后，数学课程标准修订小组把数学“双基”扩充为“四基”，首次提出了“数学基本活动经验”的概念，引起了学术界的极大关注。然而遗憾的是，课程标准没有对此概念的内涵进行界定，也没有针对这一目标提出较为系统的教学指导意见，这导致广大一线教师对这一概念缺乏清晰的认识，更无法在教学实践中落实这一重要的课程目标。在这样的背景下，我们启动了课题研究，经过四年多的努力，取得了一些新的认识。

我提出了新的数学活动分类观，绘制了关于数学活动的“行为–思维相续图”，并指出任何一种数学活动都是行为操作与思维操作的复合体，缺乏思维操作的活动称不上数学活动。我认为，数学活动经验是学习者参与数学活动的经历，以及在数学活动过程中所形成的感性认识、情绪体验和观念意识。在进一步的数学活动中，能生长为较高层次的活动经验，或能生长为知识或技能的活动经验是基本活动经验。

对于数学“四基”之间的关系，我借用植物学知识进行描述：在数学学习的过程中，基础知识和基本技能就像木本植物的木质部，数学基本活动经验相当于木本植物生长中起关键作用的形成层。就像植物的木质部是通过形成层的细胞分裂而生成的一样，数学“双基”也是由数学活动经验生长出来的，没有数学活动经验就不会产生数学“双基”。数学活动则相当于树皮，是学生与生活接触的部分，是知识的源泉，所有的数学活动经验都是在活动中产生的。数学基本思想相当于植物的“髓”，它依赖“双基”，贮存着“双基”的营养，又把这种营养不断提供给学习者。这样，数学“四基”共同构成了具有生命特征的学生知识结构的主体，数学活动则源源不断地向这个结构输送营养，使其逐渐生长为学生的数学素养。

有了这些认识，我不再只盯着直接决定考试分数的数学“双基”，而是更舍得花时间让学生进行数学探究活动。我的教学更多关注单元内容的整体设计和学生数学活动经验的积累，我的“导”也更注重数学思想的提炼，这样，数学“四基”得以落实，学生的学习兴趣和数学思维都得到了更多提升，学习充满了动力。

用好两个“武器”，走个性化的自主发展之路

当今社会，社会各界人士对教育的合理的或不合理的期望也越来越多地地转嫁到教师身上；不断诠释的“好教师”“好教学”的标准也对教师提出了更高的要求；教育变革中不断出现的新理念、新名词、新模式，各种对立的观点、思潮，很容易让我们无所适从，迷失方向；各种评比、赛课、培训、会议、检查、评价让人不堪重负。在这样的背景下，谋求专业发展成了教师们的强烈诉求，争做名师也成了包括我在内的很多教师的梦想。

叶圣陶先生说：“教育是农业。”我认同他的观点，确信教育是一种顺应时节和儿童天性的自然生长，确信教师只有扎根课堂，培心育根，才能向上生长。森林里的大树之所以成为合抱之木，绝不是因为有人浇灌，而是因为大树竭尽全力拼命吸取营养，同样，在名师的成长过程中真正起决定作用的也是教师自己的专业自觉。

以我个人为例，我于1993年购买了第一台386型家庭电脑，1998年第一次接触“几何画板”并迷恋上该软件，开始学习用其制作课件，2000年至2003年间，我的课件从获得全市一等奖、全省一等奖一直到获得全国一等奖，从此，我不再参加课件制作比赛，而是专注于“几何画板”软件的实际教学应用。2005年我的研究成果形成体系，出版专著并在全市推广。在探索的过程中，我强烈意识到，当技术不再是障碍的时候，真正决定应用水平的是数学素养。在这个过程中，我钻研并熟悉了多个版本的数学教材，

我能熟练并创造性地使用“几何画板”的教学特长逐渐显现，这一特长又帮助我把数学实验引入课堂，通过网络个性化地布置和批改班级数学作业，将微课助学和网络答疑变成了我目前教学的新常态。这个过程给我的感悟是：扬长比补短有时更有效，把自己的特长发挥到极致，就容易实现突破。就像花的美丽各不相同，人的优秀也因人而异。不必奢求样样优秀，要善于接纳不完美的自己。

在教师个人成长之路上，我主张用好两个武器：一个是研究，一个是信息技术。研究能帮我们形成自己的教学思想，认清方向，不被一家一言所左右。信息技术可以丰富我们的教育教学手段，架起理论与实践的桥梁。

（刊发于《中国教育报》2017年11月22日第11版）

人物介绍

刘同军：现任教于山东省青岛经济技术开发区实验初级中学，全国优秀教师、山东省特级教师、山东省教师研修省级课程专家。主要著作有《几何画板在数学教学中的应用》《数学基本活动经验导论》等。曾获全国现代教育技术与中学数学教学改革课例展评一等奖，主持了全国教育信息技术重点课题“信息技术环境下初中数学个性化学习的模式研究”等课题。

程红兵

语文教学要雕龙也要雕虫

语文可以朴实又丰富

语文教学要引导学生分析文章字词句段篇，要对文章作鉴赏性分析，这是语文教学的基本任务。在实际教学过程中，许多语文教师更多地把时间和精力用在语文的细节上，精雕细刻，谓之雕虫。有的语文教师引导学生广泛阅读古今中外思想名著、文学名著，批判性吸收，谓之雕龙。我以为在语文教学中雕虫和雕龙不可或缺，由于很多人主要是在雕虫，所以我倡导教师要多花点时间雕龙。作为语文教师，我在自己的自留地（自己任教的班级）里实践自己的主张；作为校长，我带领语文教师积极开发相关课程，引导学生广泛吸收中外名家思想精华，打开视野，开阔胸襟。

我在自己的班级里开展了很有意思的实验，让每个学生每个月读一本文化名著。我认为，现在的学生文化积淀太少，文学感受力在下降，批判性思维能力正在弱化，知识面越来越窄，无法和教师产生共鸣。文化积淀太少，学不好语文，也妨碍学生个人的成长。

语文是什么？人们常常把它复杂化，其实语文本来很朴实。学生爱读书，勤思考，会用语文表情达意，这就是学好语文了。我让孩子们读书：海明威的《老人与海》、茨威格的《人类群星闪耀时》、房龙的《人类的故事》、李辉的《风雨中的雕像》、余秋雨的《文化苦旅》、罗曼·罗兰的《约翰·克利斯朵夫》、卢梭的《爱弥儿》、朱自清的《经典常谈》、宗白华的

《美学散步》……就这么一本一本地读下去。我要求学生每周写书摘笔记、写眉批感想，每月写一篇书评或读后感，然后抽一两节课时间来讨论，互相交流、碰撞，不时有思想的火花闪耀出来。在我看来，这就是文化的积淀、思想的熏陶和人格的升华。

在我的课堂上，每节课由一名学生（按学号轮流）介绍一首小诗，然后全班学生用三分钟左右的时间把它背下来，其时我和学生一起口中念念有词。兴致上来，我会诵读表演，摇头晃脑，作得意状，引来满堂喝彩。一个月一本书，一节课一首诗，这就是人生的文化基石。基础教育不就是为孩子们的人生奠基吗?

担任上海市建平中学校长期间，我组织该校语文教师自编了语文必修教材。这个教材有两个显著的特点：

其一是经典性。其中的“大师系列”是其他教材没有的，精选文学史上著名的大家作品让学生重点研读。在我看来，人的培养最重要的是气质的培养，气质的养成是需要大师作品熏陶的。所谓大师，其灵魂超凡脱俗，其思想深刻悠远，其作品大气磅礴，其文字蕴含无限张力。孔子的《论语》、司马迁的《史记》、曹雪芹的《红楼梦》，鲁迅的小说、散文、杂文，莎士比亚的戏剧，托尔斯泰的小说，自有一种气质魅力启人心智，摄人心魄。当下社会有一种文化，消解崇高、消解伟大、消解深刻，平庸化、低俗化、娱乐化，视无聊为有趣，津津乐道于一地鸡毛的琐屑，这种思潮需要我们警惕。学校教育应该培育对真善美和伟大与深刻事物的欣赏，对假恶丑和渺小与平庸事物的厌恶。

其二是自主性，这套语文教材给学生大量留白，留出空间，学生可以旁批、点评，也可以剪贴自己喜欢的作品。同时我们还专设自主学习模块，包括自然情怀、人文修养、科学教育、社会文化四部分，学生可以在教师的引导示范之下自主学习。这样一来，教材一定程度上实现了生本化，每个学生的语文教材都是不相同的，都带有个人的兴趣爱好，都带有个人的理解体验。教师和学生共同建构语文课程，实现了教材的个性化。

从更广阔的视角反思课程

中国人非常擅长模仿，人家发明了什么，我们立刻学习模仿什么，有时还能做得很好。应用能力源自哪里？源自创新能力。创新能力又从哪里来呢？它和思想能力有着内在的关联。思想从哪里来？思想从思想中来。思想来自我们对思想的学习，来自我们对思想的咀嚼，来自我们对思想的吸收，来自我们对思想的批判。换句话说，我们今天还处在应用能力的阶段。中兴这么大的企业，美国人禁售相关核心技术立刻就面临危机，原因何在？值得思考。我们的学校能不能从今天开始，做一点有益的改变？

世界银行《2018年世界发展报告》中“学习以兑现教育的承诺”部分，第一次针对教育发展展开专项讨论，提出如何确保学校教育带来真正的学习。有人认为，今天的学校里，很多学习不是真正意义上的学习，而是“伪学习”。为什么这样说？其逻辑是什么？我们能不能重返教育的价值观来审视这些问题？比如，我们的学习是不是需要重新定义？有人说，很多语文教师只盯着语文教学，躲进小楼成一统，管他冬夏与春秋，仿佛世界变化跟自己没有关系。这样做，仅仅抓住了雕虫，忽略了雕龙，对学生的人格养成是十分不利的。

担任深圳明德实验学校校长期间，我们一开始就进行系统化的学校课程建设、课程内容重构、学科课程重组以及课堂模型重建。在初中开设了“中国文化原典阅读”课程，把中国历史上对中华文化产生过重要影响的重要作品拿来学习，从《女娲补天》到《夸父逐日》，从《论语》《史记》，到梁启超、胡适、鲁迅、毛泽东的重要作品，都组织学生学习。高中阶段开设了“西方思想文化名著选读”课程，从柏拉图、亚里士多德到《共产党宣言》……在我看来，人类历史上对人类文明作出卓越贡献的伟大人物，至少应该让高中学生多少了解一点皮毛，于是我们组织学生学习他们的作品，进而让一些有兴趣的孩子从中能够找到相关的路径，自己再进一步深入学习。经典的学习，哪怕是个别篇章与节选，至少让孩子们知道星星在哪里。在基础教育阶段，如果学生没有接触这些伟大的名著，也许一辈子就和它们擦肩而过了，再也不会去看这些东西了。让孩子们了解这些在人类文明史上产生过卓越影响的精神财富，对他们的精神发育是很有意义的。

追寻语文教学的终极目的

我以为，语文教学的确需传授语文知识，培养语文能力，但更为重要的是培养学生的健康人格。围绕在语文教学中塑造学生的健康人格，我撰写并发表了系列论文《语文人格教育论纲》《培养语文能力同时塑造健康人格》等，先后在《中国教育学刊》《语文教学通讯》等多家刊物发表90多篇论文。我曾应《语文学习》编辑之邀，主持“青春书架”专栏，旨在为中学生采一束阳光，添一羽金黄。我们设想，每个月让中学生读一本好书，无论是哲学的还是文学的，只要是充满爱心的；无论是人文的还是科普的，只要是能启迪智慧的……这样，一年就有12本，六年就是72本。对人的一生来说，固然不多，但却是中学生成长中的72块文化基石！当中学生长大成人，蓦然回首的那一刻，他们会记得与老师曾经共享的一段读书的美好时光，会闻到书页中散发的缕缕芳香……

作为语文教师，当然要把主要精力放在语文学科本身的研究上面，但是我们是不是也可以把眼界扩开一些？看看2017年版新修订的课程标准，会发现其某些方面与世界经合组织、世界银行所提到的主旨有异曲同工之处。中国课程发展经历了从知识立意到能力立意、从能力立意到素养立意的过程。面向问题，注重整体，讲究整合，这是语文新课程标准提倡的语文教学策略，与过去的教学模式有内在的区别。新课程标准强调，有文本，但不以文本为纲；有知识，但不求知识的系统与完备；有训练，但不能把训练当作纯技巧分解训练。语文阅读正在走向多元而丰富，我们应当追求的是多元化、多层次、多视角、多关联的阅读领域，追求递进式、交互性、立体性、融通性的阅读效果。

（刊发于《中国教育报》2018年8月29日第8版）

人物介绍

程红兵：语文特级教师，教育学博士，现任深圳明德实验学校校长。全国“五一劳动奖章”获得者，享受国务院政府特殊津贴。先后获“全国优秀教师”“全国优秀语文教师”“上海市劳动模范”“全国师德先进个人”“全国十佳高中校长”“第四届全国教育改革创新杰出校长”等称号。

罗树庚

开放而有创新地教语文

得意不忘言

新课程改革实施初期，我发现小学语文阅读教学有一种“得意忘言”的现象，即只重视学生的感悟、理解，只重视“人文性”，偏重内容分析、情感体悟，而忽视语言文字的训练，对“工具性”重视不够，也就是我们常说的“语用”方面重视不够。

看到这一现象，我想，语文学习难道感悟感悟、分析分析就可以了吗？“君子动口不动手”的语文课堂，能促进学生语言文字运用水平的提高吗？困惑促使我学习。我在阅读《教学论》《语感论》等论著中，吕叔湘先生的一段话让我茅塞顿开。他说：“使用语文是一种技能，跟游泳、打乒乓球等技能没什么本质上的不同。任何技能都必须具备两个特点，一是正确，二是熟练。要正确必须善于模仿，要熟练必须反复实践。”

如何反复实践，如何做到“君子动口又动手”呢？我想到了随文练笔。后来，我和全校全体语文老师一起，经过三四年的时间，把人教版小学12册的教材，每篇课文都设计了几个随文练笔——或者积累优秀语段，或者进行句式训练，或者进行仿写、续写。每篇课文学完之后，都要腾出十分钟左右的时间，让学生进行动笔练习。初步形成了重习得、重实践、重自悟的教学风格，形成了批注式阅读、随文练笔的课堂教学特色。这项课题研究成果获得浙江省教育厅教研成果一等奖。

人教版六年级上册第八单元有篇小古文《伯牙绝弦》。很多人觉得，这类小古文，学生能理解并背诵下来就已经不错了。像这样的课文，有必要安排随文练笔吗？我对这一观点不置可否。我说，先别忙着讨论可不可以，我们先去试一试，看看学生的表现。课上，当学生熟读成诵、入情入境之后，我给学生出示了这样一道写话练习：如果你是那个日思夜想、希望有人真正听懂你琴声的伯牙，意外遇到如此懂你的钟子期，你是怎样的心情，会有怎样的感慨？如果在感叹中，也能仿照课文，用古人的话语方式，就更好了。几分钟之后，学生们写出的话语，让我和老师们大吃一惊。

生1：昔我往矣，世无知音，今我来此，已遇知音。此乃天意也，吾等不可有意为之。不如，我二人结为布衣之交。

生2：春风满面皆朋友，欲觅知音难上难哪！几番苦苦等待，吾等终觅得知音也！尔即为吾之知音也！

生3：众里寻汝千百度，今日终相逢，实属不易啊！妙哉，汝竟听懂吾之心，可谓吾之知音焉！

福建师范大学潘新和教授指出："读懂一篇文章，阅读教学才完成一半。另一半更重要，这就是使学生学以致用，就是要让学生把从读中学到的用在文章写作中；让他们把对文本的理解、感想说出来或者写出来，这才算是真正完成了阅读教学的完整过程。"随文练笔是指向表达的阅读教学的实施策略，随文练笔让阅读教学走出了"得意忘言"的窠臼。

因文而异教语文

阅读不同文体的文本，应该采取不同的阅读姿态和方式。同样，讲授不同文体的文本，应该采取不同的阅读教学策略。谈起这个话题，我想起了自己执教人教版五年级下册《桥》这篇课文的故事。《桥》这篇课文有那么一段时间，被许多人口诛笔伐，有专家认为文章假、大、空。有人甚至提出这样的疑问：为什么老汉冷冷地说"可以退党，到我这儿报名"就没人再喊了？怎么让小孩子理解"退党"？看到这样的评论，听到这样的质疑，我为文章作者谈歌先生叫屈，我为编者鸣不平。

《桥》是谈歌先生创作的一篇微型小说。小说用简练的语言、跌宕的情节、扣人心弦的描述，讲述了一位普通的老共产党员在洪水面前，以自己的威信、沉稳、高风亮节和果断的指挥，将村民们送上跨越死亡的生命桥的故事。他把生的希望让给别人，把死的危险留给自己，用自己的血肉之躯筑起一座不朽的桥梁。

这篇文章只有短短的600来字，却有27个自然段。用简洁的语言来渲染紧张的气氛，是这篇课文表达上的第一个特色。本文的第二个特色是构思新颖别致，巧设悬念，我们读到结尾处，才恍然大悟，原来“老汉”和“小伙子”是一对父子。结尾处解开悬念后即戛然而止，这让人觉得既在意料之外，又在情理之中，很有震撼力。第三个特色，作为一篇小小说，《桥》在对典型人物的正面细节刻画和侧面衬托描写上也做得非常好。第四，这篇文章尽管只有短短的600来字，但在描写暴雨洪水的过程中，作者不惜笔墨，花了相当长的篇幅来描写洪水的变化，这种环境渲染、衬托的表达方式非常典型。

这篇课文是人教版12册课本中入选的唯一一篇作为精读课文来对待的微型小说。这就好比把《杨氏之子》编入教材，让小学生初步感受文言文的魅力，把《为人民服务》编入教材，让小学生初步接触议论文样，目的是为了让学生初步接触、了解微型小说，让学生和微型小说打个照面，对这种文体有个大概了解，为初中、高中进一步深入学习打下基础。后来，我多次在不同的场合执教《桥》这篇课文。我引导学生品读描写洪水的句子，让学生体会到环境衬托对表现人物的好处；通过文章短句、短语，体会典型人物的形象；通过讨论交流，体会文章巧设悬念的妙处。

独具匠心的目标设定、另类的教学设计，引发了广泛的研讨。叶圣陶老先生曾经说过：“课文无非是个例子。”课文、教材是我们用来指导学生学习语言文字运用、提升学生语文素养的材料。既然是材料，我们就要有“物尽其用”的思想。如果是木材，就用它来做家具；如果是璞玉，就用它来打磨珠宝饰品；如果是食材，就用它来烹饪佳肴……怎样才能让一篇篇课文“物尽其用”？因文而异是一个不二选择。

语文课程标准（2011年版）加大了对文体特点的关注。在第一、二学段课程目标与内容中提到：阅读浅近的童话、寓言、故事，诵读儿歌、儿童诗和浅近的古诗；复述叙事性作品。在第三学段的目标与内容中指出：阅读叙事性作品，了解事件梗概，能简单描述自己印象最深的场景、人物、细节，说出自己的喜爱、憎恶、崇敬、向往、同情等感受。阅读诗歌，大体把握诗意，想象诗歌描述的情境，体会作品的情感，受到优秀作品的感染和激励，向往和追求美好的理想。阅读说明性文章，能抓住要点，了解文章的基本说明方法。阅读简单的非连续性文本，能从图文等组合材料中找出有价值的信息。在第四学段的目标与内容中更是明确指出：能够区分写实作品与虚构作品，了解诗歌、散文、小说、戏剧等文学样式。这些表述向我们传递了一个重要信息：关注文体特点是加强学生语言文字运用能力培养的重要策略与举措。正如崔峦老师所说："阅读教学要增强课标意识、目标意识、年段意识，使所上的课是那个年段的，符合那一类课型的，符合那一种文体特点。"

用课程引领发展

在许多教师观念中有个错误的认识，认为课程开发与建设是专家的事，是课程顶层设计者的事。其实不然，从某种意义上讲，教师是课程建设的关键。每一位教师都应该致力于校本课程的开发与实施，为学生的个性发展搭建舞台。教师要通过校本课程的开发，逐渐形成自己的特色课程，让学生受益，让自己在学校课程的开发中体现自身价值，体味教育幸福。最简单的做法，就是凭借课文研发课程。

2001年开始推行的新课程改革，赋予了教师课程自主权，教师有了课程设置的"自留地"，给一线的教师提供了一个开放的空间。在打好学习基础的前提下，教师可以研发个性化课程，发展学生的兴趣爱好，培养学生的技能特长。下面我就以《春日说柳》来说说我是如何开发微课程的。

"春天到了，杨柳吐绿，带来了春的气息。柳是春的使者，柳是诗的精灵，柳是美的象征，柳是善的代言，柳是韧的化身……"

我领着孩子们简单了解"为什么说柳是春的使者、美的象征、善的代言、韧的化身”，然后把重点放在“柳是诗的精灵”上。我们从《诗经》“昔我往矣，杨柳依依。今我来思，雨雪霏霏”一路下来，品话离别的“渭城朝雨浥轻尘，客舍青青柳色新”，品咏春光的“碧玉妆成一树高，万条垂下绿丝绦”，品写喜悦的“最是一年春好处，绝胜烟柳满皇都”，品述哀怨的“羌笛何须怨杨柳，春风不度玉门关”。我们从刘禹锡的“长安陌上无穷树，唯有垂杨管别离”中，体味折柳送别；从高鼎的《村居》“草长莺飞二月天，拂堤杨柳醉春烟”中，感受美好春光；从陆游的《游山西村》“山重水复疑无路，柳暗花明又一村”，从关汉卿的《包待制智斩鲁斋郎》“着意栽花花不发，等闲插柳柳成阴”中，体悟生活哲理。

有了课程意识，俯首拾捡皆学问。数字可入诗，植物亦有情，月儿阴晴圆缺皆诗意。语文课程标准（2011年版）指出，语文课程应该是开放而富有创新活力的。要尽可能满足不同地区、不同学校、不同学生的需求，确立适应时代需要的课程目标，开发与之相适应的课程资源，形成相对稳定而又灵活的实施机制，不断地自我调节、更新发展。学校教育最核心的要素有三个：学生、教师与方案。方案是什么？方案就是课程。每位教师都是课程的开发者、建设者。

实践出真知，一步一个脚印，这些或深或浅的脚印就像海边各式各样的贝壳。它们散落在金色的沙滩上，一颗有一颗的美丽，一颗有一颗的故事。无数色彩斑斓的贝壳，给教育这片金色沙滩增添了无限魅力。

（刊发于《中国教育报》2017年12月27日第9版）

人物介绍

罗树庚：浙江省特级教师，宁波市名师、名校长。现为宁波国家高新区实验学校校长，曾先后荣获全国教育科研先进个人，全国青年教师教学艺术大赛一等奖。在省级、国家级报刊发表文章200多篇，出版专著《教师如何快速成长》，编著、参编的论著达14册。

陆晖

三个链接还生物课堂勃勃生机

生命科学本来源自大自然、源自人们的生产生活，应当是最接地气的一门学科。然而，由于课本中头绪众多，知识点繁杂，体系性、逻辑性不太强，加之不少教师照本宣科地讲授，使得很多学生觉得生物学枯燥乏味，上课容易走神，提不起兴致。在多年的课堂教学实践中，我发现，每当学生在实验室里做生物实验，或走进大自然实地考察，或参观高新生物科技企业，甚至在课堂上听教师讲到与他们的身边生活、熟知事件密切相关的教学内容时，他们的学习热情、探索欲望一下子就冒出来了，生物课堂立即活跃起来！为什么呢？我想，这是因为此时的生物课接上了地气：大地之气，自然之气，生活之气。

那么，如何才能“让生物课接上地气”呢？长期的教学探索中，我发觉，要做到这一点其实并不难，教师只需有意识地强化三个链接，就完全可以避免把“生物”教成“死物”，还生物课堂以生机勃勃的鲜活气象！

理论链接实践

实践，是学生成长和发展的重要途径。注重实践学习、加强实践锻炼、构建实践平台，无疑是对我国长久以来注重坐而论道、忽视培育实践和操作能力的教育传统的超越。教学中，我既关注理论的实践来源，更重视理论对实践的指导与运用，让学生知其然而动，知其所以然而谋。

在教学“植物光合作用的发现史”时，我发现教材中忽略了一些史料。

两千多年前，古希腊著名哲学家亚里士多德认为，植物体是由“土壤汁”构成的，即植物生长发育所需的物质完全来自土壤。这一观点统治了西方将近两千年。1648年，比利时科学家海尔蒙特对此产生了怀疑，于是，他设计了这样一个实验：把一棵重2.5千克的柳树苗栽种到一个木桶里，木桶里盛有事先称过重量的干燥土壤。此后，他每天只用纯净的雨水浇灌树苗。五年以后，柳树增重80多千克，而土壤干重却只减少了100克。海尔蒙特因此提出了“建造植物体的原料是水分”这一观点。很显然，当时他并没有考虑到空气的作用。这两个不在课本上的史料讲还是不讲呢？我犹豫了。讲吧，课堂上时间紧、任务重，非主流的问题有必要交代吗？不讲吧，似乎割裂了光合作用被发现过程中完整的来龙去脉。最后，我还是决定快速补充这两个史料，然后再开始承接课本上1771年英国科学家普里斯特利设计的“植物更新空气”实验以及随后多个科学家的探索实验。这样的故事学生们听得津津有味，由此他们不仅看见了理论背后的思维脉络，也看见了知识背后的实践支撑，更懂得了真理是在一次次叩响谬误之门后，才逐渐被修正而诞生的，同时也深刻地理解了光合作用各要素的作用和内涵。

正如德国著名地理学家赫特纳所言：“要完全理解现在，永远只有从历史出发才有可能。同样，要充分理解一种科学，也永远只有详细研究它的历史发展，才有可能。”当下很多教师为赶教学进度，往往容易忽视学科科学史教学，忽视理论背后的实践活动，就使得理论失去了连接实践的良好机会，无法真正落地。

理论同样需要在实践中加以应用并指导实践。在学校筹建新校区之初，我就将学校生物园的设计、建设和管理作为生物课研究性学习的活动主题交由学生自己来完成，让他们将课堂上获得的理论知识在具体的实践中加以运用和拓展，学以致用，知行并进。活动开始后，学生们就像科学家那样全力以赴地进行实地考察、计算设计、评估方案、建构模型，兴致勃勃，乐此不疲，不少学生甚至几次三番将自己的设计方案推倒重来。等到真正的园林设计师走进校园时，竟然采纳了学生们提出的一些独到的设想和建议，这让学生们欣喜不已，充满成就感。

课堂链接生活

教育的外延就是生活的外延，在日常教学中，我力求每个知识点的展开都从学生熟知的生活经验出发，用鲜活的生活情境来包裹教学的核心问题，引导学生在特定的氛围中涌起情感波澜，激发学习动机和探索欲望。在“生态系统的能量流动”的教学中，我抛给学生的问题是：“同学们有过这样的体验吗：我们去超市买菜的时候，往往看见肉类的价格比蔬菜贵。从生态系统能量流动的角度来看，你能解释这是为什么吗？”进而引出生态系统能量流动的“十分之一定律”。在“人和高等动物水盐平衡的调节”的教学中，我问学生：“大家回想一下，我们在天冷时还是天热时尿多？”引导学生进入正题：“人和高等动物在不同的温度环境里是如何调节水盐平衡的。”

在讲授“生态工程”时，我觉得，如果让学生一下子“生吞活剥”生态工程的若干原理可能会引起“消化不良”，并且课本所举的一些事例离学生生活的地域和日常生活状态很远。于是，我就利用学校开展综合实践活动的机会，带领学生们来到作为国家农业高科技园区的深圳特区光明农场，让学生实地考察珠三角地区特有的历史悠久的桑基鱼塘。这节课就是站在鱼塘旁边上的，我启发学生深入理解池埂种桑、桑叶养蚕、蚕茧缫丝、缫丝废水养鱼、鱼粪等河泥肥桑的高效人工生态系统，亲身感受我国劳动人民卓越的智慧和创造。在桑树林里除草，给鱼塘施肥，将农场的蚁蚕带回家学习养蚕，这对城里长大的学生们来说，都有着不可抗拒的吸引力。学生们还给农场技术员提了很多建议，诸如在桑树林里放养走地鸡、在鱼塘水面种植浮床蔬菜、防止水体富营养化等很有见地的好点子，让我感到既在意料之外，又在情理之中。

让教学回归生活，通过课堂再现生活，从生活中来，到生活中去，不仅大大增强了教学的真实性、趣味性、有效性，还能潜移默化地影响学生们的世界观、价值观、科学观，促使他们达到知情意行合一的理想状态。

学习链接未来

美国著名心理学家戴维·珀金斯说：“教育的任务不仅是传递已经打开

的盒子里面的内容，更应当培养学习者对尚未打开的盒子和即将打开的盒子里面内容的好奇心。”正所谓为未知而教，为未来而学，这并不是一个无从解决的矛盾，而是一项振奋人心的任务。

一对基因能够为一个国家带来希望，一粒种子可以造福万千苍生，一个肉眼看不见的细胞或许隐藏着重大的遗传奥秘……进入21世纪后，生命科学和技术的成果正在深刻地改变着人们的生产方式、生活方式和思维方式。富含胡萝卜素的金大米，能生产人胰岛素的大肠杆菌，植入了海蜇发光基因的街边树，能分解泄漏石油多种成分的“超级细菌”，前景无限的干细胞技术……教师应当充满激情地向学生展现这些波澜壮丽的生命画卷，让学习链接未来。

在进行“免疫调节”的教学时，我给学生们讲了“柏林病人”的故事。蒂莫西·雷·布朗是一名美国白血病患者，并同时患有艾滋病，已经到了死亡的边缘。2007年他来到德国柏林找到了胡特医生，胡特医生看他白血病更严重些，就作出了决定：进行骨髓干细胞移植，先治白血病。结果出人意料，这次骨髓移植不仅将布朗的白血病治愈了，还把他的艾滋病也在不经意间给治好了，否定了艾滋病无法被治愈的残酷现实。这是小概率的个案还是具有普遍性？是可以复制的还是无法再现的？免疫系统的作用机制、干细胞的遗传语言到底是怎样的？此时的课堂鸦雀无声，学生们的眼睛都亮了！

（刊发于《中国教育报》2018年10月10日第10版）

人物介绍

陆晖：深圳市南山区北京师范大学南山附属学校高中生物教师，广东省特级教师、广东省中小学名师工作室主持人、深圳市名师工作室主持人，曾被授予“深圳市五一巾帼标兵”“深圳市高层次专业人才地方级领军人才”等称号，独立撰写及参编教育著作七部，获得教学科研省级以上奖项30多次。

方毅宁

挖掘人文元素，体悟历史背后的精神

拓展性课题，带领学生感受人文情怀

2017年11月，在讲授八年级历史“把我们的血肉筑成新的长城”相关内容时，教科书第90页上这样一段话——“日本全面侵华期间，北京大学、清华大学、南开大学被迫搬迁，在昆明组建了西南联合大学……众多大学生投笔从戎，走上抗日战场”，深深地触动了我。接下来我深入阅读了许多有关西南联大的书籍，愈发敬重西南联大的师生们。2018年1月，师生共同观看了电影《无问西东》，2月参观了昆明西南联大旧址，开始了我们的学科拓展课程之旅。

我开设的《西南联大的背影》一课，以“镜头下的西南联大”为切入点，带领学生开展课堂观察、讨论活动。课堂上选择24张西南联大的老照片，按主题每四张进行不同组合，学生们分组观察老照片，共同完成学习观察单。观察单上的问题包括：其一，在每张照片中，你们注意到什么细节？其二，四张照片中有哪些细节是相同的？其三，根据照片你们小组得出什么结论？是哪些细节让你们得出这一结论的？

学生通过观察可以描述出照片中的细节，如：茅草铁皮搭建的简易校舍，学生的衣着、神态与活动，教授在昆明城郊居住的农村房屋……分组讨论后，学生们不约而同地把细节聚焦在：环境校舍、学生的衣着和专注表情、教授们慷慨陈词的样子、实验室仪器设施等。以历史细节为依托，学生得出结论：校舍简陋，物资匮乏，条件艰苦；崇尚真理，追求真知；笃学勤教，坚韧不拔……在不知不觉中，学生们得到了人文情怀的浸润。

“还原”历史细节，促进学生学会观察与思考

人类历史纷繁复杂，是由无数个偶然汇聚而成的一种既定现实，我们无法完全了解历史的全貌，但可以通过最新史学研究成果和史料证据，借助多元视角、真实的史料，尽可能地还原鲜活丰富的历史真实。历史学习中，恰当运用真实、有教学价值的史料可以重现历史细节，可以把学生带回当时当地的历史情境中；更有助于重返历史现场，引导学生以既同情又理性的心理解读历史，从而形成对历史真实客观的认识。

观察历史老照片是“进入”历史的有效方式之一。在观察活动过程当中，小组成员具体分工、互相讨论，最终形成自己的学习结论。学生在观察单上的问题的引导下，写下了自己的真实感受与观察：“虽然环境简陋，但老师致力于教学生和培养学生”“学生和教授都很认真，可以看出他们不畏困难，乐观向上”……这种学习状态，印证了钱穆先生的那句话：用上前线的激情来读书。教师还可以以问题为切入点引导学生进行讨论或者合作探究历史问题，鼓励学生通过与不同见解的人交流，不断提升自己的实证能力和思辨能力。

课堂学习中还要适当“留白”，让学生有时间独立思考。比如，每个人对历史事实都有着不同的理解和解释，小组成员对历史问题进行研究和讨论时并不一定能达成共识，教师因此要进行适时的评价与专业指引，帮助学生从群体学习角度进行思考与提炼观点，保留自己的个性化思考与结论。这样既能培养学生对历史问题的批判性思维，不断完善与扩展自身对历史的认识，让他们获得深度学习的体验，又能促进小组成员之间的交流和沟通，达到思维碰撞、思想共享。

图以载言，培养学生历史实证思辨能力

历史课堂上，有时候一张“图”胜过千言万语。我通过运用历史照片（图片）、历史漫画、历史表格、历史地图、历史思维导图等，帮助学生学会全面提取、分析“图”中蕴含的历史信息，剔除无关的视觉内容，在厘清历史脉络与相关联历史知识的基础上，透过图文信息分析历史问题实质。进一步对历史事实、历史现象、历史规律进行考证思考和理解拓展，分别从宏观和微观视角进行思考，学会从不同角度对同一时间的历史事实、历史人物和历史现象进行科学合理的历史解释。

问题与“图”链接，可以提升学生的历史思辨能力。在我看来，思辨能力远比单纯了解大量历史知识更重要。教师可利用学生提出的历史问题，形成本课学习问题链。还是以西南联大相关学习为例，教师可以追问学生：“中国当时为什么要进行这种大规模的教育大迁徙？”“西南联大当时为何选择云南，而非贵州、四川？”“为什么西南联大可以经受住炮火的洗礼？”“为什么在战乱时期西南联大还能培养出这么多人才？”“西南联大对教育界、云南开发有哪些贡献？”“西南联大对抗战有怎样的贡献？”这些问题构成了历史课堂的经典三问：是什么？为什么？怎么看？这种方式可以有效激发学生进行思考，帮助他们充分利用各种课程资源对问题进行进一步剖析，厘清历史事实、历史现象之间的内在联系。

在历史学习中，研究性思维与实证思维应当贯穿始终。教师应学会把科学家和历史学家两种思维习惯相结合，帮助学生形成科学的思维习惯，不断提升对历史问题的思辨能力。方法之一就是不断追问学生，也让学生习惯于自我追问，比如，你想解决什么问题？你的结论或假设是什么？你的历史依据（或支撑数据）是什么？你运用什么方法解决问题？你参考了哪些文献？对于这些问题的解答过程可以呈现学生的思考路径、思考方法、思考过程与结论生成等。教师应寻找学生的思维盲点，改变他们“不思考”和“浅表性思考”的状态，帮助他们逐渐形成“史由证来，论从史出”的证据意识。

学会体悟历史背后的灵魂与精神

历史不是冰冷无情的，它是有温度有温情的。一系列由时间、地点、人物、经过、结果等因素组成的历史事件，背后的人物都是鲜活灵动、有血有肉的。正是一群群活生生的人才构成了大历史。历史课堂的生命力就在于充分挖掘历史中的人性，与学生一起置身于历史的深处，理性洞察、体验人性善恶和灵魂情感，让历史真正走进学生的内心，让学生有机会与真实的灵魂对话，达到心灵交互的境界。

还是以图片观察教学法为例，学生们在回答“四张照片中有哪些细节是相同的”这个问题时，写下了“面带微笑”“专心致志”等词语，这体现了西南联大师生在艰苦卓绝的环境下，依然保持着乐观向上的精神，学生给出的是一份情感细腻、深入人心的解读。通过“闻一多拓章”的老照片，结合他拒绝给云南省民政厅厅长李宗黄拓印的故事，我引导学生领悟：贫困潦倒、饥寒交迫的联大教授，可以变卖衣物书籍，变卖自己的劳动力，唯独不愿意变卖的是自己的灵魂，这才是真正的联大精神！

历史镌刻着人的灵魂，教学的每一单元、每一课也应有它的主题与课魂，历史课的教学立意和课魂更多在于历史蕴含的智慧和人文素养元素，教师应努力挖掘历史蕴含的人文元素，不断提升学生的人文素养，沿着历史的实践逻辑追寻历史的智慧，给予学生智慧的启迪和人文的滋养。

历史课堂应是流淌着思辨智慧和人文气息的生命场所。无论是图导思维，还是合作探究学习，都只是一种手段，历史学习最终要回归到人文素养的提升和人格的健全发展上。引导学生诠释理解、生成感悟历史表象背后的历史智慧和人文精神，并逐渐内化为自己的信念、见解与追求，这才是历史教育的旨归。

历史教育以其深厚的底蕴为师生的人格健全发展提供一种滋养。历史教学的价值在于唤醒师生对生命的敬畏和对人的关怀，学会用历史思辨的眼光看待世界、分析和解决问题，让自己和他人更幸福地生活。

（发表于《中国教育报》2018年11月7日第10版）

人物介绍

方毅宁：现为广东省佛山市南海实验中学历史教师，广东省特级教师、广东省中小学教师工作室主持人，先后主持四项省市级教育科研课题研究，有多个课题成果、行动研究案例获国家及省市级奖励，多篇教学论文在专业期刊发表。

刘祥

追寻“生命在场”的语文教学

近年来，我常思考一些令语文教师尴尬的问题。比如：学生为什么要学习语文？高中生甚至初中生中的很多人为什么越来越不喜欢语文课？语文课真的很重要吗？语文教师教给学生的一定是“语文”吗？琢磨的时间长了，便想寻找一个能够给自身带来宽慰的“参考答案”，用以暂时消解对语文这门课程以及语文教师这个职业的虚幻感觉。

“三度语文”的“五个走进”

从2004年起，我开始探索并践行一种后来被教育科学出版社的编辑们命名为“三度语文”的教学主张。之所以由编辑们命名，是因为2012年他们编辑出版了一套“新生代语文名师·立场书系”的语文教学丛书，当时需要每本书的作者亮出自己的招牌，而我的作品恰恰缺乏一个响亮的名号，编辑们便从作品内容中提炼出“三度语文”这一短语，将这部教学专著定名为《追寻语文的“三度”》。所谓“三度”，即“丈量语文的宽度，营造课堂的温度，拓展语文的深度”。“宽度”指向语文教学中的目标与内容，“温度”指向教学情境的创设与实施，“深度”指向学习内容、生活、文化以及情感体验的融合。

在最近15年的教学实践中，“三度语文”大体上依循“走进文本—走进作者—走进生活—走进文化—走进心灵”的教学流程组织课堂教学活动。“走进文本”重点探究课文“写了什么”和“怎么样写”，“走进作者”侧重于研讨“为什么写”，“走进生活”“走进文化”主要探究“怎么样学”，“走进心灵”强化落实“为什么学”。五个“走进”在教学活动中并非平均用力，而是以“走进文本”为核心，其他四个“走进”均围绕文本中的具体学习内容而展开，并视学习需要而灵活取舍。比如说明性文本的教学可舍弃“走进作者”“走进心灵”等环节。

就语文课程的目标定位而言，五个“走进”指向的教学目标，整体性体现为“知识在场”“技能在场”“生命在场”。

“知识在场”与“技能在场”看似简单，其实存在着一定的难度。因为，当下的语文教学中有不少语文课并非认认真真传授语文学科的知识，培养语文学习的技能。很多语文教师习惯于跟着文本内容跑，文本谈的是爱情便引导学生探讨爱情，文本谈的是亲情立刻就转向亲情体验，而不是从语文知识与语文技能的角度研究其表达的方式，体味其语言的特色。

“生命在场”更难实现。语文教学中的“生命在场”，包括四个方面的内容：教学实践中教师个体的“生命在场”，学习活动中学生主体的“生命在场”，阅读鉴赏中作者个性化的“生命在场”，意义探究中作品中人物的“生命在场”。前两个方面强调教与学过程中的生命感知，后两个方面强调立足于“人”的视角品评作者以及作品中的人物，尽量剥离特定时代政治强加于作者以及人物形象之上的狭隘意义。

单纯应试语境下的语文教学，往往只追求教学活动中的“知识在场”和“技能在场”，而且其追求的知识与技能，还只是应试所需的知识与技能，并非语言实际运用中所需的知识与技能。对于语文学科丰厚的文学、文化以及人文底蕴则较少关注甚至从不关注。我曾在多个场合，指责当下的高三语文教学只有应试知识与应试技能，没有真正的语文教学，更没有语文教学中的“生命在场”。我始终认为，即使是高三的复习课，也应该在强化应试知识、应试能力的同时，力求通过形式多样的教学活动，让语文教师、学生、文章作者和作品中人物的生命全部“在场”。其中，尤其需要关注学生学习实践中的“生命在场”。

如何帮助学生走进语文

“学习活动中学生主体的‘生命在场’”，需尽量满足三方面的学习需求：一是满足获取新知识的需求，二是满足能力提升的需求，三是满足独特生命体验的需求。获取新知识的需求主要体现为能够有效创设“陌生化”问题情境，从看似简单的文字中引导学生发现未知的信息；能力提升的需求主要体现为借助课堂学习中的“举三反一”实现知识运用中的“举一反三”；独特生命体验的需求主要体现为应建立起学习内容与学生生活以及特定社会文化间的逻辑关联，帮助学生“走进文本”“走进生活”“走进文化”，最终达成“走进心灵”的学习目标。

至于“阅读鉴赏中作者个性化的‘生命在场’”，主要体现在文学类文本的学习过程中。“三度语文”舍弃了“作者简介”这一教学环节，代之以“走进作者”。“走进作者”倡导的是通过对作者创作该篇文章时独特生活经历与情感体验的探究，触摸其内心的真实生命感悟。“三度语文”的教学主张中，所有的作者都是剥离了政治光环之后的有血有肉的“这一个”，都是有优点也有性格缺陷的普通人。“走进作者”不是为了识记其文章风格和代表性作品，而是为了设身处地地感受文章诞生时的特殊情境。

“意义探究中作品中人物的‘生命在场’”，同样以文学类文本的学习为主阵地。“三度语文”反对“贴标签”式的人物身份定位，倡导借助于“走进文本”感悟人物真实的内心世界。比如，我会在课堂上引导学生思考：30年前的周朴园也是这么坏吗？20年后的崔莺莺在面对女儿的自由恋爱时，是全力支持，还是有可能竭力反对？玛蒂尔德的虚荣心真的带有阶级烙印吗？《我的叔叔于勒》中的菲利普太太是否也存在于我们的生活中？……很多问题或许无法形成统一认知，但至少可以帮助学生知晓，即使是文学作品中的人物，每一个生命也都有独特的价值，都代表着一种鲜活的、值得尊重的存在。

语文教师先要“激活”自己

要想达成教学目标，先要激活学生的学习兴趣。激活学生学习兴趣又需要语文教师自身的“激活”。一个极少阅读经典文学作品、从不阅读语文专业书籍、从不进行文学创作以及专业写作的语文教师，其语文课堂注定无法闪耀文学、文化与人文精神的圣洁光芒。反之，能够在课堂上将学生带入特定的学习情境之中、让学生跟随学习内容而深思妙悟的语文教师，一定是自身已被“激活”的思想者。

40多年前，我在读小学和初中时，有幸遇到了两位自带光芒的语文教师。教我小学语文的王金凤老师吹拉弹唱样样在行，更厉害的是会写一手漂亮的空心美术字，又尤其擅长讲故事。在她的语文课上，几十个十来岁孩子的爱恨情仇总能够得到完美的激活。教我初中语文的刘家振老师则严谨博学，属于“十步之外不唤人”的典型书生。他上语文课，教苏轼便成为苏轼，说杜甫便成为杜甫。这两位语文教师，成为我语文学习的点灯人，也成为我做语文教师之后一直效仿的榜样。现在回想起来，他们的语文课就是我所追求的“生命在场”的语文课。

当下，自带光芒的语文教师依然存在，但具体到一个学校一个班级时，便很难保证其覆盖面。受多方面因素的影响，每个班级中总会有少量的学生缺乏必要的语文学习能力。高中阶段的课堂上，甚至有少量学生把语文课当作放松神经、调整睡眠的休息课。此种怪诞，根源不在学生。生命不在场的语文课堂已然极端可怕，若是连必要的能力训练与知识传授也同时缺位，学生们又如何会保持听课的注意力呢?

为了在教学实践中将这些想法转化为具体的、可操作的行为，我一方面充分利用课堂进行探索，既在日常课中打磨修正，又在公开课上大胆呈现，暴露问题；另一方面积极撰写科研论文论著，系统探寻理想的教学方法。2006年时，我的一节常态课的课堂实录发表在《人民教育》第17期。那一节课，我就是借助《一个人的遭遇》这一文本，引导学生探究战争文学的应有表现形式，同时探讨课文中表达人情人性的独特技法，带领学生通过各种形式的对话去感悟作品中人物的生命悲歌。此后，2007年的《春江花月夜》常态课、2010年的《登高》示范课、2011年的《荷塘月色》示范课等，也都有效落实了教学中的“生命在场”。2012年起，我又陆续出版了几部教学专著，对“生命在场”的语文教学进行了系统性阐释。

写到此处时，突然对“生命在场”又多了一种感悟：语文教师的“生命在场”，哪里只存在于语文课堂教学活动中？语文教师的“生命在场”，存在于一切以“人”的意识的确立为基础的阅读、思考、写作以及教学实践中。

（刊发于《中国教育报》2019年3月27日第10版）

人物介绍

刘祥：现任教于江苏省仪征中学，江苏省特级教师，“三度语文”首倡者和践行者，江苏省教育科研优秀教师，“长三角”地区教育科研先进个人。近年来，应邀在浙江、广西、新疆、黑龙江等省份开设展示课、主题讲座百余场。出版了《有滋有味教语文》《语文教师的八节必修课》《追寻语文的“三度”》《中学语文经典文本解读》等专著。

第四辑

学生素养培育

韩兴娥

深度发掘诵读的教育价值

当我写下这个题目时，我清楚地记得，十多年前也写过一篇以此为题的文章，但那时只知道诵读的重要性，却没有找到让学生在课堂上读得开心、有成效的方法。十多年前，精讲课文、做练习题的常规教学内容已使我产生了深深的厌烦，学生不爱听，老师还得咬着牙天天讲的生活让我无限向往退休的日子。语文教学高耗低效的现状不用我多说，大部分教师至今还在经历着。在我跟着语文教学的大部队走了13年却依然找不到感觉时，2000年，我开始从一学期教一本课本，到两本、三本……如今，我的一年级学生一学年读了近千首儿歌和五个版本的课本，孩子们入学这一年天天读书，教室里每节语文课都书声琅琅，学生入学一年时收获满满，我的学生都爱上了阅读。

如何读得开心，读得有效

一年级学生入学的第一节课便开始读书。

首先是听《声母歌》，播放器中开始播放“b p m f d t n l g k h……”，旋律是学生熟悉的儿童歌曲，但歌词换成了23个声母。小孩子初听感觉新鲜却不会唱词，老师先一组一组地教“歌词”：

“小朋友们请看第一幅图，收音机在播放音乐，跟着老师念三遍‘播放音乐b b b’。”

“小朋友们请看第二幅图，小男孩在爬山坡，跟着老师念三遍‘山坡山坡p p p’。”

“第三幅图中的两个孩子在做什么？”小孩子七嘴八舌地说过之后，再要求他们跟老师念三遍“小孩摸人m m m”。

“第四幅图中的爷爷在做什么？”小朋友回答之后，同样要念三遍“佛祖佛像f f f”。

学完这一组字母，再让孩子伸出手指指着带彩图的声母表跟着录音唱《声母歌》。反复放几遍后，老师再往下讲一组或几组字母。

学一组字母的过程中老师要讲解，师生有问答，但小孩子的读是贯穿其中的。每讲完一组字母或几组字母，就完整地听几遍《字母歌》，通过各种措施哄着小孩子跟着唱，听到哪个字母，手要跟着指。这样大密度地反反复复地或读或唱，一个课时，就把47个字母整体输入到小孩子脑中。《学拼音儿歌77首》已投入教学两年，像上海的朱霞骏等教学效果明显的老师都懂得“讲”是穿插在“读”中的休息而已，“讲一讲、议一议”是为了让孩子读得开心而已，千万不能把“讲”当作课堂的重点。“读”无论在哪个年级段都是课堂教学的主旋律，出声诵读在低年级段占用的课堂时间必须足够。我的课堂基本上按“读—议—读”的程序进行。

低年级如何诵读

教低年级学生读儿歌，首先要领读。谁来领读？老师领读显然是抢占了学生表现的机会，让学生领读又担心孩子预习不充分，领读时出错。我比较倾向于放录音，因为放录音时，老师可以把精力放到观察学生身上，时刻提示那些走神的孩子把精力放到读书上。我按学号分给学生每人一个单元录音，要求以单元序号为录音文件的名称，不愿意录的、愿意多录的安排好。于是上课时，学生跟着同学的录音念，孩子们听到同学的声音从播放器中传出来感到新鲜，听完录音后奖给“播音员”小奖状。后来，我虽然每学一本书前，还是继续让学生录音，因为录音是最有效的准备，反复录、反复听才能保证小老师读得正确流畅，但录了音并不播放，让“真人”上台领读，“真人”领读更容易让“小老师”产生成就感。

领读之后简单一“议”，比如《同床异梦》这首儿歌：

金铃玉玲，
同床异梦。
金铃做梦放风筝，
玉玲做梦捉蜻蜓。

学生跟读后，老师问两个问题：第一个问题是金玲玉玲姐妹俩在一张床上睡觉，但做的梦有什么不同？学生读后面两行就是最好的回答。第二个问题是讲比喻义的：咱们班晨轩爱读书，练出本领，长大不但自己生活得好，还有能力孝敬父母、资助他人、报效祖国。但也有的小朋友光贪玩，长大了还要父母养活。同在一个班，但想法不一样，用什么成语来说？

晨轩是我班优秀学生，老师用来举例说明的内容取自学生，更容易拉近学生感情，拿真人举例子要健康向上。师生这么简单议一议之后再齐读。每节课学完两个单元后，同桌互相读，然后按座位从每一排中抽几个选手比赛朗读，当全班大部分学生读儿歌不太困难时，选手的机会经常落到班里最弱的十来个学生身上，读正确的选手上台给自己的小组加上一面红旗，加红旗时的那份荣光激发着选手们的荣誉感，这荣誉感成为他们诵读的动力。学生的录音可以经常放：思品课上完后可以放一会儿；自习的纪律有些乱时可以放一会儿；偶尔有其他老师请假，我代课时放一会儿；语文课时多的那一天可以放一会儿……我按进度教儿歌时，每一首都安排领读、齐读、同桌互读、竞赛读，保证最少四遍。再加上逮着零散时间就放录音，保证了读的遍数。

升入二年级后，我把“领读一议”之后的第二次齐读改为“速诵”两遍。“诵读”是2015年夏天我在成都夏令营学的新招，他们叫“歌诀体”。“速诵”儿歌、古文的效果都很好：第一，速度快省时间，用读两遍的时间可以读三遍；第二，拍着桌子、拍着腿和着节奏读，小孩子喜欢，喜欢节奏是每一个人在母腹之中听着母亲的心脏跳动而形成的与生俱来的本能。

我喜欢让学生“归类诵读”，在一年级就能把“归类诵读”的理念植入学生脑中，引导学生归类时以“议”为辅，“诵读”为主。学到“歇后语儿歌100首”这一单元时，学生已学了成语、俗语、歇后语儿歌各100首，归类的素材已很充足。学“猪鼻子插葱——装相（象）”，孩子们将其与“无病呻吟、叶公好龙”归为一类；学“狗咬狗——一嘴毛”，孩子们将其与“针尖对麦芒、公鸡打架头对头、鹬蚌相争渔翁得利、当面锣对面鼓、窝里斗”归到一起。“归类速读”时分别让学生拍不同的地方。如速读“猪鼻子插葱——装相（象）”时拍桌子，速读“无病呻吟、叶公好龙”时拍腿，学生每“议”（找同类语言）一次，马上跟上全班学生速诵三遍。“读”在低年级的课堂绝对占最重要的地位，高年级的课堂“议”占的时间会稍长一点儿，但“读”永远是语文教学的主旋律。读累了，找几个课堂上纪律好的学生上台拍桌拍腿读，嘴巴和手的动作协调的有奖，不协调的惹大家笑笑了事。优先挑选平日调皮捣蛋的孩子，表扬他纪律好，给他上台的机会，既奖励了他，又促使全班学生争当纪律好的学生；上台读也是给全班学生创造休息、活动的机会。

高年级如何诵读

到了高年级学文言文时，“议”的时间长了，内容深了，但“读”的遍数必须保证。如《读论语学成语》这套书先出现论语中的原句，再解读。教学时，先把论语原文印到A4纸上，方便学生集中“速诵”，学生可以指着A4纸上集中到一起的古文反复读，录音反复放，全班反复跟读，“速诵”的遍数足够时，学生就把古文熟读成诵了。按书的顺序逐页阅读时，还会再次“速诵”古文。

对那些诵读水平有待提高的学生，除了让他们上台比赛外，我还常用“陪读”的方法：让那些守纪律的合作小组陪着他们读，哪个小组能耐得住性子倾听磕磕绊绊的读书声，就有当“小老师”陪读的机会，这也是维持纪律的妙招，大家都想当小老师，又光荣又能得到奖励，就会倾听，但课堂时间珍贵，“南腔北调”占用的时间越少越好，这就需要正确流畅的读书声来带动。“小老师”一拨一拨地陪读，读的次数足够时，“南腔北调”们能正确诵读了，诸多“小老师”们能背诵了。“陪读”对那些“南腔北调”

们有一定压力，他们会集中精力跟读，对全班来说，“小老师”有时是四个，有时是十多个，他们是轮流工作、轮流休息的。男同学和女同学中的“南腔北调”搞个诵读比赛，会成为开心一刻，成为课堂花絮，赢了的“南腔北调”也备感荣光。

把诵读扎扎实实地落实到课堂上的“课内海量阅读”使我近15年教的三届学生没有一个差生，尤其是升入中学后，孩子们学习的潜力很大，为我赢得了良好的口碑。至于学生有没有理解所读的文本，我个人的经验是，老师只管用最简洁的语言“讲”，不用操心学生听懂了没有，只要跟上海量阅读，孩子早晚会懂的。

（刊发于《中国教育报》2016年1月11日第7版）

人物介绍

韩兴娥：山东潍坊市高新区北海学校语文教师，齐鲁名师。曾用开学和期末各两个星期就完成语文课本教学并取得较好的考试成绩，剩下的时间和学生在课堂上共读课外书，这一创新尝试影响广泛，引发了“语文课能否从教材突围”的大讨论。韩兴娥新版的《让孩子踏上阅读快车道》（上下册）总结了近15年进行“课内海量阅读”的教学实例，成为众多一线老师阅读教学的实操手册。

张天孝

发展思维能力是数学教育之“根”

我于1956年踏上教学工作岗位，亲历了我国数次重大的教育改革，也见证了我国数学教育的变化和发展。在长达60年的小学数学教育工作中，我先后进行了“三算结合”的教学实验、“应用题教材结构与教学进程”的实验研究、“小学生数学能力培养和发展”的实验研究、“小学生代数思维萌发”的实验研究。让孩子聪明起来是我研究小学数学的不懈追求，这些在不同历史时期和不同改革背景下进行的实验研究，都把重点聚焦在小学生的思维能力培养上。

开发潜能，要关注学生的现实性，更要关注学生发展的可能性

从某种意义上说，教育对人的促进作用，是从现实的发展到可能的发展。用数学中的基本图形来解释，现实性就像是线段，而可能性就像射线，两者的区别就在于有没有延长与拓展的空间。在教育中超越现实，走向可能的发展，首先要相信人的潜能，从关注学生的现实性走向开发学生的可能性，构建以开发可能性为中心的教育。

数学教育的核心是思维教育，知识是思维的载体，学习数学的目的是为了促进智慧的增长。《新思维数学》的教材编写，按照国家义务教育数学课程标准的要求设计“应该学习”的数学，以现代儿童的认知发展观为参照设计“可能学习”的数学，以建设国家未来需要的创新型人才为培养目标设计有利于促进学生智慧发展的数学。

以四则混合运算为例。“应该学习”的数学，主要是学习计算的技能，包括掌握运算的顺序，学会正确地计算。如：480÷20−5×2，（480÷20−5）×2，480÷（20−5）×2，480÷［（20−5）×2］，这些算式中参与运算的数是相同的，由于运算的顺序不同，计算的结果也不一样。这种形式的练习，算式是给定的，按照固定的程序运算，就可以算出答案来，是一种基本技能的训练。

“可能学习”的数学，以基本技能的训练为基础，着眼于培养学生的思维能力。如：用1、2、5、6、8、9六个数字，运用“+、−、×、÷或( )、［ ］”，构建数学等式。基本的规则是数字可以自由组合，但在一个等式中数字不能重复运用。如6+8+15=29，（29+1）÷6=5，6×9÷（5−2）=18，6×（8+2）=59+1，（59+1）÷6=8+2，28÷（6+1）=9−5，56÷［（9−2）×1］=8，8×9÷［2×（5+1）］=6，等等。这种形式的训练，不仅可以巩固基本的运算技能，还能培养学生的数感、运算能力，发展学生的代数思维。2011年，我们就此题，在杭州城区一、二、三类共14所学校的1690名四年级学生中进行测试，学生从不同角度构建了56个不同的等式。

促进学生智慧发展的数学，则是“转识成智”，着眼于培养学生创造性地分析问题与解决问题的能力。如：用八个“8”组成得数是1000的算式。这个问题联系的基础知识和技能还是四则混合运算，但由于解决问题没有固定程式，需要学生自己构建分析框架，属于非算法化的问题。如888+112=1000，问题就转化为用五个8组成得数是112的算式。因为88+24=112，所以888+88+8+8+8=1000；因为111+1=112，111=888÷8，1=8÷8，所以888+（888+8）÷8=1000；因为128−16=112，128=（8+8）×8，16=8+8，所以888+（8+8）×8−（8+8）=1000；因为16×7=112，7=8−8÷8，所以888+（8+8）×（8−8÷8）=1000。也可以构建起125×8=1000，8000÷8=1000，1008−8=1000的分析框架。解决这个问题的思路是开放的，答案也是多样的，不仅训练了基本的运算技能，也有利于发展学生的数感、创新意识，培养学生的推理能力。

在学生的现实性与发展的可能性之间，横亘着一堵厚重的墙，数学教育不能坐等“可能”的到来，而是要用力推倒这堵墙，主动拓展“可能”

的发展空间。相信学生的潜能，用实验数据来说话，不能过分地依赖主观的经验，不要迷信专家的权威。坚持实验，脚踏实地，才能真正闯出一片数学教育发展的天地。

开发潜能，以培养学生的思维能力为核心，就是在可能性的空间里发展学生核心素养。花开有季，数学教育只要留下“可能”的发展空间，学生的智慧就一定能增长，并且充盈全部空间，最后结出丰硕的果实。

鼓励创新，要提高学生数学素养，更要降低学生学数学的难度

《国家中长期教育改革和发展规划纲要（2010—2020年）》指出：“把提高质量作为教育改革发展的核心任务……调整教材内容，科学设计课程难度。”数学课程设计，如同生物遗传学基因序列的研究一样，是具有攻坚意义的课题。

心理学的研究早已表明，人的思维是可以训练的，小学阶段是培养学生思维能力的有利时期。数学知识是培养学生思维的重要载体，数学教育在发展学生的思维方式、思维品质和思维能力方面有着不可替代的作用。

数学不仅仅是各个分支的简单总和，数学课程的各个领域之间有着千丝万缕的联系。作为教育任务的数学，是从学术形态的数学改造而来的，改造的关键是对知识进行合理组织，构建有利于学生掌握知识、培养能力、学会思考、学会学习的序列。

核心知识在学生学习中起着关键的作用，是联系不同知识领域的纽带。核心知识具有自己的内在逻辑，这种内在逻辑符合学生的认知规律，在此基础上容易建立知识之间的有机联系。我在编写教材的过程中，注重设计核心知识的学习脉络，让学生在学习数学知识的过程中，学会思考，学会学习。

例如：乘法分配律$a\times(b+c)=a\times b+a\times c$是最重要的运算定律，是小学数学课程的核心知识。它涉及乘法的意义、算法的转化，是学生学习多位数乘法的算理核心。特别是运用乘法分配律进行乘法与加法运算的转换，可以实施灵活简洁的运算，对于培养学生的创新思维有独特的价值。

我设计的“乘法智慧运算”，对乘法分配律的学习是从乘法口诀开始的。中国的数学教育传统十分重视乘法口诀的学习，但也有两种不同的价值取向。有的侧重于背得熟练，形成快速的计算技能，有的侧重于意义理解，运用口诀探索新知。

我设计的“乘法智慧运算”，以乘法分配律为知识的内核，按照“前有蕴伏、中有突破、后有发展”的思路设计学习序列，在不同学习阶段都重视算法的自主探索，加强计算活动中的思考性训练，达到“提高数学素养，降低学习难度”的双重目标。

培养学生的高层次思维，关键是设计出合适的学习材料，把创新融入小学数学教育教学。这既是一片贫瘠的土地，也是一块丰收的沃土。我在这里耕耘了一辈子，在困难中坚持，在孤独中前进，在追逐梦想的道路上，既有不被理解的忍耐，也有取得成功时的欢乐。我在这种曲折与反复的过程中，享受着独特而又幸福的数学人生。

坚持特色，要传承优良传统，也要放眼世界兼容国际经验

改革总是艰难的，《新思维数学》发展前进的每一步，都努力地维系珍贵的教育传统精华，糅合不同时代的创新精神。我在不同的时期一直思考一个问题：中国的数学教育优势在哪里？问题在哪里？特别是当今时代，教育全球化是一个不可阻挡的趋势。在国际视野下，如何发展中国的小学数学教育？《新思维数学》如何继承优良传统，如何借鉴国际经验？大问题可以小思考。我从亲历的几次国际交流中体会到，改革创新要把坚持中国特色考虑在先，放眼世界要把继承优良传统考虑在前。

应用题是中国特色的教学内容，从中国古代经典数学著作《九章算术》开始，就注重运用数学解决应用问题。在历次的课程改革中，应用题也是关注的焦点，无论把应用问题改成“解决问题”还是“问题解决”，都需要冷静思考“把应用题改为解决问题或问题解决，真正解决问题了吗？”需要扬什么弃什么，传承什么，怎样创新？个别概念的重建或者某种理念的创新并不一定能真正地解决问题。《新思维数学》对应用问题教学的研究与

改进，有个历史的长期积淀过程和顺应时代发展的过程，构建了“从总体出发抓结构，从联系入手抓变换”的思路与架构，形成了“重基础，突出基本关系与基本训练；重变换，着力基本复合与同构变换；重结构，重视复合关系的基本结构”的教学模式。这些基本关系与训练、基本变换与结构，是在千变万化的应用问题中，用联系的观点去分析，通过分类、归纳得到的，是应用问题中的核心知识与关键能力。经过几十年教学实践与改进，《新思维数学》仍保持着完整的结构体系，从未在改革的洪流中轻言放弃。

在不同的历史时期，我的几项重要的研究也在国际上产生了影响。如上世纪80年代初，我的“三算结合”教学研究，引起了日本学者的高度关注，日本琉球大学比嘉良冲教授与美国梅利兰德大学弗拉那根教授考察“三算结合”教学实验后指出：“中国杭州三算结合实验班达到最优秀的技能水平。”日本人曾先后五次派代表团来我国访问，学习“三算结合算术教学法”。上世纪90年代，德国一位几何专家来杭州讲学，我与其交流数学教育的经验与方法，德国专家对我们介绍的儿童空间观念发展专项训练内容和方法盛赞有加。2008年，我与同行一起远赴墨西哥参加第11届国际数学教育大会，我们在“数学课程重建”分会场介绍的“小学新思维数学”教材体系，引起国际同行的高度关注。近年来，我们积极参与国际数学教育交流，国际上一些著名的数学教育专家、重要的数学教育研究机构与我们频繁交流。目前，我们正在洽谈筹备将《新思维数学》翻译成法文版、德文版、英文版。我们的数学教育引起西方发达国家的关注，说明中国的数学教育有独特之处，这些独特的东西，是我们自己应该珍惜与坚持的。

他山之石可以攻玉，我们要虚心诚恳地借鉴国际经验，融入国际数学教育大舞台。《新思维数学》根植杭州上城区，能影响全国，最终走向世界，有很多的原因，坚持特色，把发展学生的思维能力放在课程的中心，可能是最重要的原因。特别地，在大力提倡发展学生核心素养的背景下，不管数学教育如何发展变化，对于数学教育来说，就是要让孩子们在学习数学中变得聪明起来，这是数学教育对人的发展最重要的贡献。

（刊发于《中国教育报》2016年12月21日第9版）

人物介绍

张天孝：浙江省功勋教师、特级教师，中学高级教师；曾任杭州市上城区教师进修学校校长，杭州现代小学数学教育研究中心主任；被聘为中国科学院心理研究所特邀研究员、浙江省“国培计划”首批专家；曾获曾宪梓教育基金会中等师范学校教师一等奖，1999年、2007年、2016年分别获得浙江省人民政府基础教育教学成果一等奖；主编九年义务教育小学教科书《现代小学数学》、九年义务教育小学实验教科书《数学》等多套教材，编写的《小学数学思维训练》《学数学 长智慧》《小学生数学能力训练系列》等小学数学课外读物深受欢迎；出版专著20余本，发表论文120余篇。

吴正宪

在数学教育中培养健全人格

作为教师，我喜欢儿童，喜欢研究儿童，喜欢研究儿童生长规律，我享受和儿童一起成长的感觉；作为一名数学教师，我喜欢数学，喜欢研究数学，喜欢研究数学教育规律，我享受数学带给我的思考、探索的快乐。40余年的教学生涯中，我始终把儿童放在心上，倾听儿童的声音，遵循儿童发展规律。我的儿童数学教育理念与实践，正是从这里起步……

关注儿童发展需求才有快乐学习

上个世纪70年代初期，“读书无用论”盛行，教育常规被打乱，教学秩序被破坏，我就在这样的背景下踏上从教之路。1978年，党的十一届三中全会胜利召开，教育迎来春天。为了把失去的损失尽快补回来，我使出浑身解数，教出“高分学生”成为我教学的唯一追求。天道酬勤，我所教的毕业班学生成绩优秀，我所辅导的学生数学奥林匹克竞赛成绩在全区名列前茅，我赢得了社会和家长们的高度认可。

当我在满堂灌的课堂乐此不疲时，终于有一天，我发现孩子们尚带稚气的脸上流露出忧虑与沉重，天真的儿童竟变得暮气沉沉。我原有的冲动与激情几乎降到了冰点。我不止一次地扪心自问：“难道要在这条没有阳光、没有笑容的路上走下去吗？能否探究出一条让学生快乐学习的教学之路？”

以“减轻学生负担，提高教学质量，促进学生全面发展”为出发点，我开始了小学数学改革的艰辛探索。我第一次提出“重组教材，根据内在联系建立小学数学知识群”的教学主张。我努力改变教与学的方式和方法，改变“教师讲、学生听”的单一教学方式，提出“自学”“讨论”“操作”等多种学习方法与方式，并总结了多种思维训练方法。特别是在考试方式与评价方法上，进行了“叛逆式”的改革，将单一笔试测验，变为闭卷与开卷相结合、考时与平时相结合、知识与能力相结合、纸笔测试与实际操作相结合、智力因素与非智力因素相结合的考试与评价方式。这样的改革在当时是非常大胆和超前的，但它适应了孩子们的需求，为孩子的重新跃起创造了新的机会。孩子们的小脸渐渐有了笑容，课堂活跃起来了，孩子们的思维能力、解决问题的实际能力明显增强。该项实验获得“北京首届教育科研成果奖”，引起教育界同行的关注。

关注儿童需求，不仅开启了我教学改革的第一步，也是我如今的教育思想形成的重要基础。

哲学思想的引入让学生思维更深刻

数学的最高境界是哲学。数学与哲学之间有着密切的关系，不可分割。哲学以数学等具体科学为基础，而哲学又为数学等具体科学的发展提供正确的指导。在数学教学中善于沟通二者的联系，有利于培养学生思维的批判性，使思维更加深刻，这对学生认识世界具有十分重要的意义。因此把哲学原理应用到数学教学中，有利于抓准数学的本质，建构良好结构的数学知识群，自然形成有效的问题链，帮助儿童解开数学学习中难解的结。

苏联教育家乌申斯基说，比较是一切理解和思想的基础。我们正是通过比较来认识世界上一切东西的。我按照辩证唯物主义对立统一的规律，打乱教材安排的顺序，将数学教材中一对对易混且“互相矛盾”的概念安排在同一节课中学习，用比较的方法、对比的手段揭示概念内涵。在数学研究的对象中，充满了矛盾的对立面。例如“正比例与反比例”“因数与倍数”“乘法与除法”“无限和有限”“偶然和必然”等有关知识概念，我把这些内容按专题组合在一起进行学习，引导学生用“对立统一”的观点观察分析事物的两个方面，体会数学中一对对概念的“互相依存”关系，从而更加深刻地认识数学概念的本质。又例如，在几何教学中引导学生学习推导面积公式、体积公式，充分发挥儿童学习的主动性，放手让儿童操作，通过“割、补、拼、平移、旋转”等方法把陌生的图形转化为已学过的熟悉图形，再根据图形之间的内在联系，推导出新图形的面积或体积计算公式。在教学中引导学生学会“在变化的图形现象中抓住面积、体积不变的实质”，感悟辩证唯物主义“透过现象看本质”的基本思维方法，从而培养学生思维的深刻性。

正是在复杂的问题中抓住了“主要矛盾”，抽出了“主要关系”，把问题中的“次要矛盾”“次要关系”先撇在一边，经过合理的简化步骤，推理、抽象，建立数学模型。由于我在教学中较好地处理了“主要矛盾”与“次要矛盾”的关系，所以儿童在这样的学习中获得的不仅仅是一种结果，而且是一种思考问题的方法和策略，一种问题解决后成功与自信的美好感受。从这个意义上来讲，儿童获得的不仅仅是知识技能，而且拥有了发现和提出问题的乐趣及辩证思维的方法。

儿童心理学是儿童数学教育的基础

在教学改革的路上，“儿童心理学”让我从一个全新的视角看儿童、看教育、看儿童教育、看儿童数学。我第一次听到中国科学院心理研究所张梅玲教授关于儿童心理学的报告时，“心理健康”“心理安全”“心理效应”“人文精神”“和谐民主的师生关系”……这些新名词、新理念一下子涌入我的脑海。从那时起，我开始用心去感悟孩子们的每一丝变化，用情去激励孩子们的每一点进步，孩子们的喜、怒、哀、乐全都挂在心上。那一刻开始，我的教育理念、教学行为开始发生了“质”的变化。

我从儿童心理发展需求和认知规律的视角重新审视小学数学教学。“儿童数学教育”的理念慢慢完善起来。经过课堂实践的探索与检验，初步形成了独具特色的儿童数学教育理论和实践体系。它包括如下主要内容：

提供“好吃”又有“营养”的数学教育：提供符合儿童心理特征和能力水平的数学教育，促进儿童终身持续发展所需要的基础知识、基本技能、基本的数学思想、基本的数学活动经验、科学的探究态度及解决实际问题的创新能力。同时以符合儿童特点的教学手段和方式，实现“好吃”又有“营养”的双重价值追求，让儿童拥有自信和好奇，从而更加喜爱数学学习。

实现知识、智慧、人格三位一体的教育目标：在教学实践中实现儿童对数学知识和技能的掌握，实现以思维能力为核心的综合智慧的发展，完善人格。使数学教育成为教人有自信、教人做真人、教人守规则、教人要自律、教人懂责任、教人有毅力、教人会自省的育人平台，实现数学教育目标的全面落实。

构建八种特色课堂模式和多种教学策略：在实践中我创造了“真情流淌的生态课堂”“思维碰撞的智慧课堂”“机智敏锐的灵动课堂”“以做启思的实践课堂”“追本溯源的寻根课堂”“纵横连通的简捷课堂”“充满魅力的生活课堂”“经验对接的主体课堂”等八种各具特色的课堂和“让儿童在良好的情景中学习数学”等多种有效的教学策略。

不知不觉中，在我脑子里，“小学数学教学”被“儿童数学教学”取代了。“儿童”从那个时刻走入了我的心中，且越走越深……

挖掘数学教育中的育人潜能

随着课程改革逐步走入深水区，我再一次叩问儿童教育的本质，再一次追问儿童数学教育的价值。此时的我陷入了深深的思考……慢慢地，我领悟到，教育的最终目的是让儿童幸福，“立德树人、聚焦核心素养的培育”是教育之本，是教育之魂，它必须成为教育的出发点与最终归宿，我们要不忘初心!于是，我第一次提出了“从数学教学走向数学教育”的主张。将数学教学由单纯的数学学科引向丰富的数学教育，达到促进儿童全面发展的目的。此时的我对儿童数学教育价值有了更深刻理解。我继而追问：“如何在具体的数学学科教学中落实立德树人、培育核心素养？”慢慢地，一个清晰的思路呈现在我脑海——用心挖掘数学教学中的育人潜能。数学教育是一种人类理性探索求知精神的潜移默化的影响过程，是一种数学文化传承的过程，是一种完善人格的教育过程，于是我提出了“在儿童人格成长中烙下五颗数学的印”，即“诚实守信、遵守规则、坚守责任、拥有毅力、反思自省”。让数学学习的过程成为健全人格与核心素养培育的过程，真正实现立德树人。

回顾从教40余载，我更加坚信，儿童教育的核心是要促进儿童可持续发展。有一个群体，永远不能忽视——儿童；有一个核心，永远不能忘却——尊重；有一个坚守，永远不能丢失——情怀。我们要把儿童放在心中，做温暖的教育，让课堂充满人性的光辉。

（刊发于《中国教育报》2017年3月1日第9版）

人物介绍

吴正宪：著名特级教师，国家督学，第十二届全国人大代表；现任北京教育科学研究院基础教育教学研究中心小学数学室主任、北京教育科学研究院儿童数学教育研究所所长；教育部中小学教材审查委员会审查委员、教育部全国教师教育课程资源专家委员会数学工作委员会委员、全国小学数学专业委员会理事长、北京师范大学及东北师范大学兼职教授；主持的“吴正宪小学数学教师工作站”项目荣获首届基础教育国家级教学成果奖一等奖，“儿童教学教育的实践探索”荣获2018年基础教育国家级教学成果奖一等奖，主持的课题分别获教育部基础教育成果一等奖、中国教育学会科研成果一等奖。

李峻

以“支援模式”帮学生解决问题

“问题学习”是新世纪的学习方式，教师要鼓励学生探究“真实问题”。但多数教师在学生课后探究过程中未能给予持续、跟踪式的过程性引导，“支援模式”缺位的现象比较普遍。要转变21世纪课堂教学模式，教师首先要提升自身的“问题学习”意识和能力，要善于抓住学生的“真实问题”并判断其研究价值，以“支援模式”帮助学生解决问题。

“问题学习”带来课堂转变和对教师的更高要求

华东师范大学教授钟启泉曾经指出：“‘核心素养’的概念意味着课堂的根本转型——从‘知识传递’到‘知识建构’的转型。”“问题学习”是新世纪的学习方式，它带来课堂的转变，即从“教”走向“学”，学习者提出“我的问题”，并与同伴协同学习，在教师“支援模式”而非“传授知识模式”下解决真实的问题，由此完成自身知识的建构。钟启泉教授提出了21世纪课堂教学方式和学习方式变革的路径，强调把课堂上学生生成的“真实问题”转变为课堂内外师生合作探究的知识建构过程。

作为一名在中学历史教学领域执教20多年的老教师，我非常赞同钟启泉教授的观点。在“问题学习”的实践中，我认为我们不缺乏课堂生成的“真实问题”，但缺少教师对非预设性“真实问题”的价值判断和探究“真实问题”的过程性支援。面对学生的“真实问题”，有的教师蜻蜓点水或者大而泛之地搪塞过去，有的甚至避而远之索性当作没听见，当然比较多的教师还是给予学生鼓励并让学生把这个“真实问题”作为课后探究的微课题，但很少有教师在课后探究过程中给予持续的、跟踪的过程性引导，存在“支援模式”的缺位。这些现象不能说非常普遍，但至少比较普遍。

我认为原因之一是教师自身“问题学习”的意识和能力还不够到位，习惯了轻松的“知识传递”教学模式。因此，要转变21世纪课堂教学模式，教师首先要提升自身的“问题学习”意识和能力，要善于抓住学生“真实问题”并判断其研究价值，以“支援模式”帮助学生解决问题，进而在过程性评价中完成课堂的转型。

言教不如身教，探究“修昔底德陷阱”的真相

教师在“问题学习”过程中的示范作用很重要。一名教师在备教材、备学生、备自己的时候，要乐于思考、真正思考。当教师遇到“真实问题”的时候，这个问题有没有追踪研究下去？这个问题在解决过程中有没有瓶颈？研究过程和结果有没有和学生交流、分享？这些行为的言传身教会直接影响学生的探究思维和治学精神。

2015年9月，习近平主席在美国华盛顿州当地政府和美国友好团体联合举办的欢迎宴会上发表演讲，指出：“世界上本无‘修昔底德陷阱’，但大国之间一再发生战略误判，就可能自己给自己造成‘修昔底德陷阱’。”当看到媒体上呈现的这段文字时，我的第一反应是：什么是“修昔底德陷阱”？这个说法是修昔底德提出来的吗？源自哪里？为什么习主席说“世界上本无‘修昔底德陷阱’”？

在接下来媒体的大量解读中，似乎前两个问题不成问题了。网上解释说：“一个新崛起的大国必然要挑战现存大国，而现存大国也必然会回应这种威胁，这样战争变得不可避免。此说法源自古希腊著名历史学家修昔底德。”那修昔底德的原话是怎么说的呢？我查找修昔底德的原著《伯罗奔尼撒战争史》，似乎没有发现蕴含“修昔底德陷阱”之意的“陷阱”之词。而追踪相关学术研究，专家们对斯巴达和雅典两个同盟之战的原因还在争议之中，有的观点指出，雅典和斯巴达的战火源于科林斯与雅典的矛盾，而

作为科林斯的同盟，斯巴达不得已参与伯罗奔尼撒战争。因此，习主席说“世界上本无‘修昔底德陷阱’”是基于史实的客观表述，那是谁提出“修昔底德陷阱”这一说法的呢？

这个“真实问题”产生后，我和学生交流了我的疑惑，但似乎无法从现有的资源中寻找到答案。直到有一天我们看到北京大学钱乘旦教授发表的一篇文章——《对于所谓“修昔底德陷阱”，与其人云亦云，不如正本清源——“修昔底德陷阱”的历史真相是什么？》(《北京日报》，2016年9月5日第14版)，这篇文章一下子把我和学生的疑云给消除了。文章指出，“修昔底德陷阱”并非修昔底德之意，它来自美国国防部长特别顾问格雷厄姆·艾利森，他借用伯罗奔尼撒战争的历史，杜撰了一个“修昔底德陷阱”，找出所谓的论据来说明中国崛起必然和美国有一战，美国要做好应战的准备。由此，我们恍然大悟，修昔底德被“陷阱”了一把，而我们也进入了媒体的“修昔底德陷阱”的陷阱。虽然这个“修昔底德陷阱”之问并非通过我和学生的探究而释疑，但在这个“真实问题”提出、思考的过程中，学生对伯罗奔尼撒战争有了更全面的了解，对自媒体信息时代信息的科学性、准确性、真实性有了更加深刻的认识，而我也做了一个“真实问题”产生的示范，让学生知道“真实问题”源于捕捉日常所见所闻所思的点滴，历史的学习不限于教材，“真实问题”也不限于课堂，当我们把身边看得到的“写出来的历史”融入日常思考、探究之中，那我们将更加接近客观的“发生的过去”。

身教不如“境教”，将学生带入历史场景，开展微课题研究

对历史学科而言，情景教学是能把学生带入历史场景中的教学方式，正如俗话说“神入历史”。而这种“神入历史”的“境教”也不限于课堂之内。早在21世纪初期，曾有学生提出一个问题，他说他到英国去旅行，父母带他去看了索尔兹伯里大教堂展出的1215年英国《大宪章》的羊皮手抄本，这个手抄本上没有英国“无地王”约翰的签字，但我们却常说《大宪章》是英国国王和英国贵族签署的文件，这种说法是否不够严谨？当时约

翰王是否口头答应贵族这份文件有效呢？对于这个问题，我当时无法回答，因为我没有看到这份《大宪章》的真实版本，但我相信学生说的是真的，他的确亲眼看到在羊皮纸上没有约翰王的签名。我依直觉判断这是一个非常值得探讨的问题，这个问题其实隐含着从历史细节去发现、接近历史真实的史学思想和方法。

我鼓励学生由此展开微课题研究，学生通过查阅英国专业网站资料，咨询相关领域专家，最终找到了答案：约翰王的确没有在《大宪章》上手写签名，但是以盖章的方式表明《大宪章》有效。据说，当时约翰手上戴着一枚戒指，而这种戒指是专门设计用来替代签名的。因为当时国王不识字的较多，所以他们只需要将熔化的蜡油在要签字的地方滴一点，然后将戒指往上一按即可，这个印章也就是皇家玉玺（有蜂蜡和树脂封蜡）。更有意思的是，学生还发现有的史料说，一开始《大宪章》的确是国王和贵族们之间的口头协定，文件是口头协议之后起草的，约翰王可能没有亲自盖上王室印章，而是身边的官员盖上的。而目前四份《大宪章》的版本是1215年的，当时这份协议出台后，其副本抄送至各地，由皇室官员以及各主教保存。事实上，在1215年之后《大宪章》又经过了六次修订，而我们今天所熟知的内容其实是来自约翰王的儿子亨利于1225年所颁布的版本，该版本也明确了国王不得随意征税的规定。通过这个源于情景的“真实问题”，学生们知道了“签署”并非都要签字，加盖王室印章也是表示国王认可的一种方式，而加盖印章是中世纪欧洲文件生效的一种传统方式。

这个有关《大宪章》签字问题的价值不在于学生提出的问题有多么深奥，而在于学生结合所学的历史知识，关注了我们习以为常的历史细节，在历史细节中发现问题，并打破了用现代语境去理解过去历史的思维习惯，在释疑的过程中加深了对《大宪章》的真实解读。而这也正是历史学科核心素养之时序观念的培养目标，即让学生明白，任何历史事物都是在特定的、具体的时间和空间条件下发生的，只有在特定的时空框架当中，才可能对史实有准确的理解。其实，围绕这个是否签署的问题，学生在史料搜集、史料实证中还提出了他们感兴趣的一些问题，比如为何这份文件是用拉丁文写的，为何不用当时贵族通用的法语或者平民使用的英语来撰写？

是否民间还有其他语言版本的《大宪章》?《大宪章》在当时的影响力到底有多大?《大宪章》的准确颁布时间是哪一天？而这些问题都是基于学生课外对《大宪章》的解读产生的，这些问题又进一步激发了学生打破砂锅探究到底的精神。2015年恰逢《大宪章》诞生800周年，英国皇家造币厂发行了一套纪念铸币，铸币上印着约翰王握着羽毛笔签署宪章文件的图案，这种想当然理解历史场景的错误引起了英国历史学家、学者们的批评，他们指出这种复原历史是不符合史实的。我想研究过中世纪欧洲印章历史的学生应该不会在这个问题上犯同样错误的。

西方有句谚语，教育的本质不是把篮子装满，而是把灯点亮。学科教学贵在持续点燃学生的学习兴趣，把学生基于学科领域的好奇心、笃行力、思维力、合作力、创造力、变通力、修正力激发出来，并基于学生身心成长的规律进行持续引导和培养，而这全部过程首先基于“真实问题”的产生。“真”问题才会激发“真”研究，才会形成“真”能力，最终产生对历史的“真”兴趣。爱因斯坦说，提出一个问题往往比解决一个问题更为重要，这对每个师生来说都是亘古不变的道理。

（刊发于《中国教育报》2017年4月5日第11版）

人物介绍

李峻：上海市特级教师。现任复旦大学附属中学党委副书记，系长三角基础教育历史学科专家、上海市中小学中青年骨干教师团队发展计划历史学科领衔人。曾获全国中学历史教学比赛、说课比赛、论文比赛一等奖；荣获过上海市三八红旗手、上海市园丁奖等荣誉称号。已出版专著《从上海走进历史》，参编《上海市中学历史课程标准解读》《中学历史教学参考》《中学历史“过程与方法”目标达成实践研究》等丛书20本。

余自强

为学生的全面发展插上双翼

我在1963年考入北大生物系，毕业时恰逢“文化大革命”，作为“修正主义苗子”被分配到一个不通公路、没有电灯、没有粮站的深山区农村学校。在一座泥土垒成的房子里，面对八名小学附设初中班的学生，我开始了教学生涯。这里物质生活的贫困和落后的条件令人难以置信，但他们渴望用科学知识改变自己的生活和家乡面貌。那时我对科学教育本质功能的认识十分简单，就是帮助这些渴望摆脱贫困的农家子弟走出大山。此后，我在多所学校任教或当校长，帮助学生改变人生轨迹的思想，始终是激励我努力工作的动力。

为学生科学素养的发展搭建平台

1987年，我作为温州中学校长随团赴日本考察，了解到在日本、美国及我国香港等国家和地区在初中都开设了综合科学课程。在随后启动的浙江省义务教育课程改革中，通过竞争我被聘为自然科学课程的主编。实际上自己当时对课程开发一无所知，从哪里入手呢？对西方国家的综合科学课程进行研究后，我认识到哲学思想是课程的核心，我们的综合科学课程应该与他们有所不同。于是撰写了《关于编制初中自然科学课程的若干思考》一文，受到当时国家教委专家组的肯定。

自然科学课程第一次把提高学生的科学素养作为课程的总目标，当时我的认识是，初中科学教育要为学生科学素养的发展搭建一个平台。具体来说，人是按自己的认知结构认识世界的，因此初中科学课程要让学生建立一个科学知识的框架，形成相对完整的知识结构，以后以这个知识结构为基础，才可以顺应或同化新的知识。那么应该教给学生哪些知识，才能够形成相对完整的知识结构呢？一是熟悉自然界，尊重自然界的统一性；二是了解科学的一些重大概念和原理；三是有科学思维的能力；四是能够运用科学知识和思维方法处理个人和社会问题。具体内容的处理是根据辩证唯物主义的基本原理，构建以“人与自然”为中心概念的跨学科的结构体系。这个知识体系按“人类认识自然，认识自身，利用自然，改造自然，保护自然，保护自身”的线索展开。同时，构建了与之配套的科学方法发展和STS内容作为副线。

1991年，浙江省试用自然科学课程取代原物理、化学、生物和自然地理课程。该课程是我国第一个通过国家中小学教材审定委员会审定、在一个省范围试用的初中综合科学课程，实验前后达15年之久（后来由国家科学课程取代），被社会各方面以及教育界广泛认同。

以综合科学课程提升国民科学文化素质

国家基础教育阶段第八次课程改革启动后，我受聘为教育部基础教育课程改革专家工作组专家，2000年担任《科学（7~9年级）课程标准》（实验稿）研制组副组长，2001年担任高中生物学课程标准研制组核心成员。这时我对科学教育本质功能的理解，从技术层面上升到了文化层面。从科学文化的角度看素质教育，就是要提高国民的科学文化素质。从课程的角度看科学文化，至少有四个基本层面：科学知识与技能，科学过程与方法，科学的实用意义（STSE），科学精神、科学态度与价值观。这些方面应该成为新一代综合科学课程的目标。教育部基础教育课程教材研究中心采纳了这个意见，同意将初中科学标准中的目标设定为四个维度，这实质上也就是“标准”对科学文化素养内涵的理解。按照这种理解，新一代综合科学课程在内容上具有两个主要特点。第一，它的设计要关注自然科学各分支学科的统一性，引导学生逐步领悟自然界的事物是相互联系的，是一个具有统一性的系统。为此，教材必须构建跨学科的内容结构体系。第二，要重视通过科学探究对课程内容进行整合。如何理解探究的思维特点？新中国成立后"实践—认识—再实践—再认识"被奉为哲学方法论的经典，这与我们现在提倡的探究思想是什么关系？我认为在近代科学建立时，观察和实验是获取经验材料的基本方法，归纳是广泛使用的整理经验材料的一般科学方法。因此，在传统的科学课程中，通过观察和实验等实践活动认识自然并对其规律加以归纳，这种"实践—认识"模式就成为主要的思维方式。但是，科学史上还存在另一种方法论模式，就是"问题—假设—检验—结论"，我们可简称为"假设—检验"模式。在20世纪的科学发展中，它已成为占主导地位的方法论。新中国成立后我们对此认识不够，才会出现对孟德尔遗传学和爱因斯坦相对论等进行批判的笑话。本次课程改革提倡探究，就是要对这种模式给以肯定。所以，提倡探究，就是要使学生更好地理解科学认识模式的多样性和统一性，发展学生的科学思维能力。2000年，联合国教科文组织发起在北京召开"科学与技术教育研讨会"，我在《关于中国大陆的综合科学课程改革》的报告中阐述了我们的思路。2001年《科学（7～9年级）课程标准》（实验稿）由教育部颁发。随后，我又参与主持了标准解读的编写。

在科学课程中传承中华优秀传统文化

正当我们在科学课程中大力提倡探究时，2002年发生了清华大学学生伤熊事件。这个学生在生活中产生了一个问题：把酸倒进熊的嘴里，它会怎样？于是他买了盐酸和动物园门票，实施了这个"探究计划"，结果受到了人们的一致谴责。这件事引起了我的思考：按中国传统的行为规范，它不会发生，因为中华传统文化是以伦理道德为核心的；类似事件在西方国家一般也不会发生，因为他们有宗教的博爱精神，还有深入人心的动物保护法规。可见，探究在文化上有其片面性。因此，我们在提倡探究，努力使我国的传统人文精神实现科学化的同时，还需要实现科学精神的人文化。历史告诉我们，中国是一个有着几千年文化传统的国家，这里发生的每一个重大社会变革，都不能不面对悠久的传统。而且中华传统文化以兼收并蓄见长，任何先进文化，都应该能够与中华文化相融合。正是基于这种认识，我提出了科学课程本土化的问题。

对中华传统文化的传承，关键是科学思想的传播。自然科学的核心问题是人与自然的关系，对人与自然的关系，中国古代有一些原创性的思想，集中反映在“明于天人之分”“赞天地之化育”“与天地参”“天人合一”等观点中。所谓“明于天人之分”，就是主张自然与人各有其责，人与自然相分。所谓“赞天地之化育”，就是以“天地有大美”为指导思想，将自然作为美的对象来欣赏，作为与人平等之物来爱护，既要认识又要尊重。所谓“与天地参”，诚如荀子所言：“天有其时，地有其财，人有其治，夫是之谓能参。舍其所以参，而愿其所参，则惑矣！”就是说自然有其规律，人类应当认识、掌握、运用自然规律，以此来利用和改造自然。而“天人合一”是人与自然关系的最高境界，按现在的理解，就是人工自然与原生自然融为一体、实现可持续和谐发展。

2009年，美国时任总统奥巴马访华，作为随访项目，美方提出双方各派六名顶级专家，进行中美中学科学教育交流。对话包括五个话题，我负责第四个话题——如何让全体学生接受高水平的科学教育，我提出了科学课程本土化的构想。2011年，马来西亚全国华文独中工委会课程局邀请我担任他们的初中科学教材主编。他们希望马来西亚华人后裔使用的科学教材，既要传授科学知识、技能、过程方法和培养科学精神、科学态度，又要能传承中华传统文化。至2016年，教材（含教科书和教师手册）编写完成，于2014年1月起经马方审查后在马来西亚所有华文中学使用。我很欣慰，因为一直作为科学教育输入国的我们，终于开始输出我们的科学教育理念了。这种教育理念，说到底，就是教育方针讲的德智体美全面发展。科学课程在德的方面，要传承中华传统文化；在智的方面，要让学生构建一个好的认知模式；在体的方面，要给学生以身体健康、心理健康、适应社会的知识；在美的方面，要发展学生的审美情趣和审美能力，学习如何发现和塑造科学美。

（刊发于《中国教育报》2017年5月17日第10版）

人物介绍

余自强：曾任温州中学校长、温州市教育局教研室主任，现任温州市教育局教学顾问、教育部基础教育课程教材专家工作委员会委员；被评为浙江省特级教师、全国模范教师，享受国务院政府特殊津贴；曾担任教育部基础教育课程改革专家工作委员会委员；国家科学课程标准研制组副组长、高中生物课程标准研制组核心成员、教育部初中小学科学教材和高中生物教材审查委员；北京师范大学兼职教授，中国科学教研会副会长。其主编的初中自然科学教材从1993年起在浙江省使用，是国内第一套通过国家审定、在一个省范围使用的综合科学课程教材。其专著《科学课程论》和《生物课程论》等在教育界产生了较大影响。

朱世光

培养人文精神贵在润物细无声

我是上世纪80年代初开始从事中学历史教学工作的，至今已有30多个春秋。可以说，我的教学生涯恰巧与我国中学历史的教学改革进程同步。回顾我国中学历史教育的发展历程，上世纪80年代主要是知识立意，强调学生历史基础知识的记忆；90年代主要是能力立意，强调学生历史思维能力的训练；21世纪初是目标立意，重视“三维目标”的落实。现在进入“素养立意”时代，历史教育重在人文精神的培养。

人文精神培养应是历史教育重中之重

对于大多数人来说，在中学系统地学习历史知识或许是一生中唯一的一次。随着时间的推移，他们将走向社会或继续深造。或许有一天，他们学过的历史知识，比如年代、地名、人名等全都会忘却，相关历史事件来龙去脉的记忆也会变得模糊，但是有些精神的东西却会留在脑海里，融化在血液中，终其一生，受益无穷，那就是知识背后的人文价值、人文态度和人文精神。历史消逝在时间里，而永不消逝的是历史知识赋予的人文精神。

然而，我国中学历史教育的现状却令人忧虑。本该充满神秘之美和生活趣味的历史，变成了机械枯燥的“应试”训练；本来应是人性化、审美性的历史教育变成了标准化、机械化、统一化的流水线，从而导致历史课人文精神和审美趣味缺乏，使最具人文性、审美性和创造性的历史教育变成了一种纯技术的机械训练。表面看起来，教师讲完了一本又一本的历史教科书内容，学生通过了一次又一次的历史考试，但遗憾的是历史中所蕴含的丰富、深远的人文精神却没有真正进入学生的精神世界。

历史教育应培养学生什么样的人文精神？在我看来，大的方面应包括如下内容：引导学生通过历史课的学习，从历史中汲取智慧，形成以人为本、善待生命、关注人类命运的人文主义价值观；培养高尚的爱国之情和关爱人类命运之情；激发民族自豪感、历史使命感和社会责任感；帮助学生养成积极进取的人生态度，求真务实、锐意进取的科学态度；塑造健全的人格，培养符合社会发展所需要的公民意识和人文精神。

中学历史教育同时要以学生的发展为本。为了学生将来能够成为幸福生活的创造者，进而成为美好社会的建设者，历史教育应着眼于唤醒学生的潜能，从而促进学生自主发展；应着眼于学生的健康成长，促进学生认知、情感、态度与技能的和谐发展；应关注学生的生活世界和个体需求，促进学生有特色发展；应关注学生终身学习的愿望和能力的形成，促进学生可持续发展。正如德国哲学家雅斯贝尔斯所说："教育要培养一代人的精神，必须先使历史进驻个人，使个人从历史中汲取养分。"历史乃人文之本，历史教育的本质是人文精神的养成。

通过具体的人和事让学生感知人文精神

中学历史教育应通过对历史人物及其活动的学习，培养学生的人文精神，明白做人的道理。例如，儒家文化的创始人孔子，古希腊文化的集大成者亚里士多德，"为天地立心，为生民立命，为往圣继绝学，为万世开太平"的张载，"先天下之忧而忧，后天下之乐而乐"的范仲淹，"苟利国家生死以，岂因祸福避趋之"的林则徐，中国民主革命的先行者孙中山，这些中外历史人物身上表现出的都是一种精神、一种价值观和人生观。通过学习这些历史人物的事迹及其思想，学生可以受到人文精神的熏陶，从而学会做人，树立正确的人生观和世界观。此外，我还经常向学生推荐历史人物传记，让学生从伟大人物的传记中，去感悟生命的伟大、人性的美好，去感悟人生的创造之美，去激发和推动他们追求比生存本身更高远的东西。“随风潜入夜，润物细无声”，阅览历史人物传记带给学生的教育是潜移默化的。

为了加深学生的认知，近年来我们还开展了问卷调查、质疑辩论、古迹考察等实践活动。

问卷调查。每一届学生入校学习之初，我会设计一系列与历史学习有关的问题，对学生进行问卷调查。比如：（1）你是否曾用你学过的历史知识解决自己学习与生活中遇到的问题？请举例回答。学历史有用吗？请用自己的话，谈谈对历史学习的看法。（2）我们在学习历史知识的时候，往往会遇到某件史实的“转折点”，在我们的学习与生活中，也时常会出现转折点。在你的学习与生活中发生“转折”的时候，历史学习起了什么作用？请举例回答。（3）迄今为止，你在课内外的历史学习中，哪些史实或哪些历史人物对你的学习或生活有启发？你悟出了什么样的道理？（4）俗话说“儿不嫌母丑”，请从爱国主义教育的角度，谈谈你对这句话的理解。我们现在把“儿不嫌母丑”这句话改为“儿不让母丑”，这一字的改动赋予了这句话新的意义，请你从爱国主义的角度出发，谈谈这一字改动后，你想到了些什么。

质疑辩论。批判性思维是现代公民不可或缺的思想技巧和习性，历史课程是启发学生批判性思维的最佳课程。没有对历史的反思与批判，便不会有对现实的超越和创新。在历史教学中我注意引导学生用多种视角和方法去观察、分析事物，对既往的结论或观点大胆质疑，坚持独立思考和判断。凭证据说话是理性、民主和法治社会公民的基本素质，历史教学也是培养学生证据意识的最佳途径。在教学中，我对辛亥革命、新文化运动、新航路的开辟、经济全球化等事件，采用辩论的教学方式进行评价，从而培养学生“论从史出，史由证来，证必充分”的实证意识。

古迹考察。杭州是中国历史文化名城，具有丰富的历史文化资源。我曾经组织学生参观浙江省和杭州市历史博物馆、茶叶博物馆、丝绸博物馆、大运河博物馆，还实地考察了南宋官窑遗址、岳飞墓、于谦墓、张苍水祠、秋瑾墓、章太炎纪念馆等。在这些活动中，学生分工合作，运用历史知识，充当讲解员或导游，从活生生的文化与历史中，获得了对家乡历史文化的感悟和体验。

教师应加强自身的人文修养

学习历史是一个感知、感悟与理解的过程。在学习中，我注意设计相关的问题，引导学生探究问题。如对于近代中国民族民主革命探索等专题，我设计了这样的问题：每逢重大节日，孙中山先生的巨幅画像总会悬挂在天安门广场，这是纪念，更是敬仰。你是否知道，孙中山先生领导的辛亥革命使中国社会发生了哪些巨大变化？从中华民国成立到五四运动前，他为维护民主共和进行了一系列的重大斗争，请你举出其中的三件大事。20世纪20年代，孙中山为中国民主革命又进行了哪些新的探索？你认为我们应该学习他的哪些精神？

历史教育对学生人文精神的培养绝非一朝一夕、一招一式之功，需要长期不懈的努力。我国历史悠久，文化灿烂，并有着独特的史学人文传统。作为文明古国里的历史教师，在发挥历史学科培养学生人文精神的优势方面，应该有所作为。教师要善于用历史智慧去唤醒学生的人文良知。要有胆识和勇气，跳出教材的框框，跳出应试的怪圈，大胆实践，大力进行教学创新。同时，历史教师还要努力提高自身的人文修养，以自己厚重的人文底蕴、超然的人格魅力、笃行不倦的教学实践，来实现自己作为历史教师的独特价值。

（刊发于《中国教育报》2018年5月23日第10版）

人物介绍

朱世光：历史特级教师、浙派名师，现为杭州师范大学附属中学科研处主任。浙江省教育学会历史专业委员会常务理事、杭州市教育学会中学历史教学专业委员会会长。被聘为浙江省普通高中新课程实验工作专业指导委员会专家。曾荣获2013、2015年度浙江省教育科研先进个人，杭州市优秀教师，杭州市第一、二届教育科研标兵等荣誉称号。已出版专著《中学历史教学行与思》。

顾志能

带学生一起做思维体操

有人曾经在上海面向家长做过一个问卷调查：小学毕业以后直到现在，你是否用到过三角形面积的计算公式？调查结果让人意想不到，200位接受问卷调查的家长中，居然只有一位家长用到过这个公式。

这个故事应引发我们思考这样一个问题：三角形面积，小学数学教材中如此重要的内容，学生学了，长大以后却几乎用不到，那我们为什么还要教呢？对此，每一位数学教师都要有一个准确而清晰的认识。我这几年的教学探索，也一直在努力诠释着这个问题。

将发展思维作为数学教学的本真追求

回看数学的产生和发展，不难发现，伴随数学一路走来的，正是人类认识事物的各种各样的思维活动。如各种原始的计数法，内涵就是“直观”“一一对应”等思维方式；几何的产生，“形象思维”功不可没，几何的发展，“推理思想”贯穿始终；各种算法，往往就是“优化”的结果，就是一种“数学模型”……每个数学知识都是人类“思考”的结果，都承载着人们认识事物、改造世界的思维方式和思想方法。

所以，我一直认为，数学知识本质上就是一个思维的载体；教数学，最重要的就是要借助这个载体，让学生在获得知识与技能的同时，获得更有意义的思维发展。

以《三角形面积》这节课为例，我自己教过多次，也指导过其他教师的展示课。我主张，该课的设计要牢牢扣住“发展思维”。

在这节课之前，学生刚学过平行四边形的面积，他们学会了沿着平行四边形的高剪下一个三角形，拼接在另一边，就变成了一个长方形。这种“割补”的方法，蕴含了一种重要的思维方式，那就是“转化”。

教三角形的面积时，刚一上课我就请学生说说生活中三角形的物体，然后先挑了学生最熟悉的红领巾，让他们计算面积。学生很顺利地用“割补”的方法，将三角形转化成了平行四边形或长方形，求出面积。在学生都觉得很容易时，我再让学生尝试另一个普通的三角形（不是等腰三角形），结果学生反复实验，发现无论沿着哪条高（或中线）剪，都无法拼成一个学过的图形。这时，我引导学生观察、思考、对比，分析原因。学生发现，原来红领巾是“割补”成了两个一样的三角形，所以才能转化成功，而现在的普通三角形，不管怎么剪，都不能分成两个一样的三角形。“割补”的思路看似不通了，那怎么办？学生主动思考，深入探究，最后发现不用“割补”而用“拼组”也可以实现转化（拿两个一样的普通三角形拼成一个平行四边形）……

上课的过程曲曲折折，也许会让人觉得“啰唆烦琐”。然而，这样的过程，究竟给了学生什么呢？深刻理解三角形的面积公式自不必说，学生在探究的过程中，经历了对“转化”思想更深入的认识，思维的灵活性、深刻性得到发展；学生通过观察、操作、想象，空间观念这种重要的思维能力得以提升……获得思维的发展，不就是这个内容带给学生的最宝贵财富吗？至于长大后会不会用到这个公式，那还重要吗？

一个人从出生时的懵懂无知，之所以能成长，之所以会越来越聪明，之所以能适应生活，能开拓创新，最重要的因素，就是通过受教育，不断地积累知识，不断地发展着思维。作为富含理性思维的数学学科，自然也担负着这个重要的使命，“数学是思维的体操”早已为我们点明发展思维是数学教学的本真追求。

挖掘每个教学内容中蕴含的思维元素

数学思维究竟意味着什么？有人说是指抽象、分类、类比、归纳、证明、化归等数学的思想；也有人说是指数感、符号意识、空间观念、几何直观、数据分析观念、运算能力、推理能力等数学的能力；还有人说是指数学内容中蕴含的深刻性、创造性、灵活性、严密性、清晰性等思维的品质。

我以为，以上这些名词，均区别于数学的知识与技能，均体现出用脑"思考"的明显特征。

作为一位数学教师，需要理解这些名词的丰富内涵以及重要意义，更需要有一双"慧眼"，能够看到并挖掘出每一个普通的教学内容中蕴含的思维元素，并且想办法把这个内涵在课堂上切实彰显出来。

我执教的《比万大的计数单位》这节课受到了观课者的好评。这节课的教学要说容易，两分钟就可教完，因为内容就是四句话：10个1万是10万，10个10万是100万，10个100万是1000万，10个1000万是1亿。然而，为了这四句话我教了40分钟。因为在备课时，我意识到计数单位名词的规定，蕴含着值得学生深入思考的元素。比如说，"10个百"要变成"千"，"10个千"要变成"万"（每次要换一个字作单位），但到了"10个1000万"时，怎么不叫"十千万"，而突然要换成一个"亿"字了？任何一个数学知识，其规定的背后都是有道理的。现行的计数单位是前人深入探索、理性思辨之后的成果，它展现着数学的简洁之美与结构之美。

数学的思想与方法，数学活动的经验……这些都能彰显出数学学习最宝贵的价值。于是，我将教学目标放在——让学生经历对计数单位猜想、排序、比较等探究的过程，发展迁移能力、推理能力。在课堂上，教师应全力引导学生展开思辨与探究。学生由此亲历了猜想、辨析、说理等思考的过程，主动运用了观察、比较、迁移、推理等思考的方法，最后既深刻地理解了知识，又有效地发展了思维。

一位优秀的数学教师，能把握住每一个教学内容中蕴含的思维元素，能将其明确地呈现于教学目标之中，能在课堂上全力去追求这个目标的实现。

引导学生深刻经历思维提升的过程

有了明确的目标追求，还需要一个与之匹配的教学过程。这个教学过程中，无论是学习情境、学习材料、教学环节还是教学形式等，都应当紧紧贴着“发展思维”的目标，并为这个目标的实现而各尽其能。

在学习情境方面，我常常选用或创设蕴含较强思考成分的情境，以激发学生的挑战愿望，促使学生深入探索。在教学环节方面，我常有意制造一些“障碍”，让学生的学习之路变得曲折坎坷，从而需要持续思考。在学习形式方面，我努力引导学生开展观察、比较、分析、猜测、推理等数学活动，亲身去“做数学，悟数学”。

小学数学中有一节课《用数对确定位置》比较典型，一般教师大多是借助教室座位图解这个情境，来描述某个学生的位置，然后利用课件将座位图抽象成点子图，再抽象成格子图，最后引导学生用列和行两个信息来表示，得出“数对”。这样的教学过程很顺畅，但我觉得，这里存在着很大的缺陷——学生没有深刻经历思维提升的过程。如座位图为何要变成点子图，又为何要变成格子图，为何要用到列和行两个信息来表示等，这些都不是学生思考的结果。在学习的过程中，学生更多的是听讲，是接纳，他们也缺少操作、思考、交流等有效的学习活动。

如何改进？我依据笛卡尔看见蜘蛛而发明直角坐标系的传说，以一张白纸当作一面墙壁，以“描述墙壁上一只蜘蛛的位置”为情境，设计了挑战性的任务，逐层推进：蜘蛛先在底边上爬，学生发现只要给底边标上刻度，用一个数就可以讲清它的位置。蜘蛛爬到了底边上面另外的位置，学生发现用一个数无法刻画了，怎么办？蜘蛛继续爬，爬到任意的位置，接下来在白纸上可做些什么，让人一看就能说清蜘蛛的位置？

整节课，因为巧妙引导，使得学生在真实有趣的情境中，主动采用丰富而有个性的学习形式，展现出深入而美妙的思考方式，逐步地“再创造”出了坐标系、数对等知识。学生的思维，真正经历了从“一维”到“二维”

的发展过程，他们对“数形结合”的感知，他们的观察能力、想象能力，他们的求异思维、创新思维，都在不知不觉间获得了提升。

除了依托情境、过程、形式等发展学生的思维，我一直强调，任何一个教学的元素，哪怕是课件、教具、学具、多媒体、板书等，也都应努力体现“助推学生思维深入”的功效。

（刊发于《中国教育报》2018年9月26日第10版）

人物介绍

顾志能：小学数学特级教师，现任职于浙江省海盐县教育研训中心，浙江省基础教育改革专业指导委员会委员，教育部“优课”评比小学数学专家组组长，人教版小学数学《教师用书》编委，课堂教学曾获华东六省一市一等奖、全国一等奖。倡导课堂教学的创新，出版教学专著《创新照亮课堂》。

张齐华

发掘数学“学科育人”功能

我1997年参加工作，四年后便赶上了本世纪初新一轮课程改革。作为一名教学新手，原有数学课程“繁难偏旧”的理念尚未对我产生深刻的影响，全新的课程理念与教学样态已扑面而来，一切都是欣欣然的模样。我就像一名在沙滩上寻找贝壳的孩子，欣喜地追逐着一个又一个全新的贝壳，沉醉其中。

着眼数学：无限相信学科的力量

或许是得益于南通师范学校五年的大专数学学习经历，尤其是最后两年的高等数学学习经历，我与同时期的数学教师相比，在学科素养上有较深的积淀。这种学科专业的优势很快便在自己的课堂上“显山露水”。于是，“教什么比怎么教更重要”便不自觉地成为那时的基本教学立场。“数学文化”的教学主张，也差不多在那个时候逐步酝酿了起来。

那时的我，对于数学教学的学科价值，有着无比坚定的信念。在我看来，数学学科具有其他学科不可比拟的育人价值。

数学是高度抽象的。它研究的不是客观世界本身，而是借助抽象的思维形式，从数量关系与空间形式两个维度对我们赖以生存的世界展开研究。因为抽象，数学学习能够让我们摒弃外部世界的物理属性，从纯粹的形式、结构等维度切入。它能够帮助我们透过现象把握本质，建构一种独特的数学思维方式。这种思维方式或许在其他学科中也有所体现，但数学学科的抽象程度及纯粹性，却是其他学科所难以比拟的。

数学是逻辑严密的。尽管在数学学习过程中，我们也强调猜想、合情推理等，但整体上，数学学科依赖严密的逻辑推理。儿童学习数学的过程，就是不断经历严密逻辑推理的过程，就是感受数学严谨、规范、准确的过程。这样的学科特性，有利于培养人的理性思维与精神。

数学同时又具有广泛的应用性。因为数学的高度抽象与逻辑严密，数学的概念、规则、结构、模型等早已摒弃事物对象的具体属性，具有更大的一般性与通性。有人说，“数学是关于模式的科学”“数学的本质是抽象、推理与建模”。模式与模型，是对现实世界具有共同属性的一类事物或结构的抽象与概括，所以，它们自然能够重新回归现实世界，对更多类似的现象、问题作出解释和应用，无往而不利。

正是基于上述对数学学科的理解，我在数学课堂上，更加关注数学的学科本质，更加关注数学学习过程中对抽象、推理、模型思想的把握，更加关注现实情境背后对数学结构的抽象，更加关注数学知识背后的思维方法与数学思想。

以2004年执教的《交换律》一课为例。与同时期更多数学课关注现实情境的创设、关注学生经历“猜想、实验、验证”的过程不同的是，我将课堂的触角向学科更深处推进：“交换两个加数的位置，和显然不变。如此直白的结论，为何我们还要展开研究？”“举例是验证猜想的重要方法。可是，举多少个例子才算合适，为什么？”“例子越多越好吗？什么样的例子才是好例子？”“举例验证过程中，反例对结论意味着什么？”“就算列举的所有例子都符合猜想，我们就能得出结论了吗？”“不完全归纳后，我们是否可以借助演绎推理得出更确切的结论？”……

在我看来，上述每一个问题的跟进，都是对数学学科本质的一次次叩问与探寻。数学学习如果不能帮助学生把握数学知识的本质，不能发展学生的数学思维，再生动的学习情境、再开放的学习过程、再充分的小组讨论，都只是缘木求鱼，而未得数学学习的精髓与要领。

回归儿童：“人”是学习的最大生产力

真正促成我发生第一次重大转变的，是2005年在安徽黄山参加第七届全国小学数学课堂教学大赛，我执教的是《分数的初步认识》一课。尽管那节课以精妙的教学设计和近乎完满的教学演绎，获得了一等奖第二名的好成绩，但是，随之而来的质疑声，却成为我心头好多年挥之不去的阴影。

“在这样的课堂上，我们看到了教师的教，但学生却不见了。”

“学习未真正发生，再完美的课堂，留给学生的发展空间也极其有限。”

“这样的课，教有过剩，而学有不足。”

“我们看到了教师的强大与个人魅力，却看不到学生的精彩。”

……

尽管在某种程度上，上述评价有失公允，至少，在引导学生展开学习活动这一问题上，这节课还是作出了很多有益的实践和探索的，但是，这样的质疑，我认为还是切中肯綮，这也是当时很多一线教师数学课堂的短板和软肋——一味关注教师的教，而忽视学生的学。

正如我的老师张兴华所言：“学习应该是学生自己的事情，教师的价值只是给学生的学习搭建平台、创造机会、给予支持，而不是代替学生展开学习。”国家督学成尚荣先生听完我的课，也同样给出了中肯的建议。他振聋发聩的那句话——“‘人’才是教学活动的最大生产力”，成为我开启新一轮课堂探索的重要宣言。

也就是从那节课以后，我开始了长达十年之久的课堂新探索。

“让学习真正发生”，成为我数学课堂的第一准则。

“让儿童真正站在课堂正中央”，成为我数学课堂的核心理念。

“没有问题，就不可能有学习发生。”关注学生的真实问题，并以此作为数学教学的逻辑起点，成为我数学课堂的全新路径。

“了解学生已经在哪里，要往哪儿去，如何去那里”，更是成为我很长一段时间里，备课过程中最核心的三大问题。

“理解学生、支持学习、提升学力”，是我所在区域的共同教学主张，也是我持续实践多年的“课堂经验”。

不得不承认，改变的过程是极其痛苦的。很多熟悉我的人都说：“你天生就是一个优秀的教者！独具匠心的教学设计、永远猜不出下一步会有怎样的教学创意，同样是好课的生动样态！”“如果内容足够精彩，就算学生只是倾听，也远比看似热闹的学习更有效。”“这不是你的风格，做回你自己就好！”

但是，不得不承认，当你的顶层教学哲学和底层教学逻辑已经发生改变，一切的安慰与劝告已然收效甚微。可以说，这十年，我在“为学而教”的教学道路上，已经渐行渐远。因为新的认识已经深深植根于自己的教育信念中——学习永远是学习者自己的事情，如果学习者自身的学习主动性、创造性和潜能没有得到充分的释放，教学就永远不可能获得最大的效益。

实践证明，这是一条正确的路。在这十年里，我亲眼见证，当学生内在的学习动力被激发、学习潜能被唤醒，他们将给你带来怎样的惊喜。而所有这一切，在之前的十年里，从未发生过。

走出课堂：为未来社会培养新人

或许是机缘巧合，三年前，南京市成立了张齐华小学数学名师工作室，确定的研究项目是“基于核心素养的课堂重建”，旨在通过课堂重建，探索核心素养如何真正在数学课堂中落地生根。

研究分两个子项目展开：一个围绕日常的数学教学实践进行，另一个则将视线投向“拓展性数学课程”的建设。有道是：“有心栽花花不开，无心插柳柳成荫。”前一个项目，投入了大量的时间和精力，但收效甚微；而后一个项目，却在一定范围内产生了相当的影响力。

《超市建在哪儿》一课，在引导学生确定超市位置的过程中，打开了数学学习的“潘多拉魔盒”，利益权衡、人性考量、道德关怀，成为学生关注的话题。

《数说淘宝》一课，直面真实世界中的大数据，引导学生全面、辩证、理性地看待数据、分析数据。

《肯德基定价的秘密》一课，揭开了经济学中“差异定价”“价格歧视”“人群区分”等概念，让学生有机会透过现实生活中的常见现象，借助数学工具和方法，洞察现象背后不为人知的秘密。

《沉默的数据》一课，以“二战”中“究竟该加固飞机的哪个部位”这一真实故事为引子，进而围绕“降落伞为何没有差评”“候车厅里记者发现春运火车票不再难买”等话题，引发了一场基于“沉默数据”的批判性思维的大探讨。

《旧小区里该不该装电梯》一课，将发生在社区里最真实、最尖锐的现实问题搬进数学课堂。费用分摊、经济博弈、规则确立、民意调研，数学学习再一次将触角伸向了真实的世界。

……

当十余个课程案例渐次成熟，并受到数学教育界各方的高度认可后，一种崭新的教育视点渐渐浮出水面——

“数学学习，仅仅提升学生的学习力是远远不够的。”

“学科的价值在于育人，而育人的根本要义在于，让学生成为更好的人，成为未来世界的主人。”

“数学教育，应该为培养未来的社会建设者，贡献学科的独特力量。”

“理性、批判、洞察、辩证，理解、悦纳、尊重、自省……好的数学教育，应该致力于为未来社会培养合格的建设者。”

或许，这些只是一种遥不可及的教育理想。但是，回到教育的原点，回到“学科育人”的初衷，这样的理想，值得我们用一生的时间去追逐。

（刊发于《中国教育报》2019年3月9日第8版）

人物介绍

张齐华：南京市玄武区教师发展中心教研员、江苏省特级教师、中学高级教师、南京市“张齐华小学数学名师工作室”负责人；一直致力于数学文化的探索与实践，曾获全国小学数学专业委员会第七届教学观摩大赛一等奖，《人民教育》《小学教学》曾对其在数学文化领域的探索进行专题报道；参与苏教版小学数学教材的编写，在省级以上刊物发表教育教学论文200多篇，出版专著《审视课堂：张齐华与小学数学文化》。